AF294175

M.F EDMOND

Mes veilles paradoxales

Le monde, vu de mon canapé

© 2017, Marc Bajard
Editeur : BoD-Books on Demand
12/14 rond-point des Champs Élysées, 75008 Paris, France
Impression : BoD-Books on Demand, Norderstedt, Allemagne
ISBN 978-2-3220-8205-6
Dépôt légal : novembre 2017

1 – Ameublement

Vingt ans, en pleine fleur, c'est un beau gaillard d'un mètre quatre-vingt.

Nous l'avons adopté peu après la naissance de mon fils aîné et il partage depuis notre vie.

D'aucuns le qualifieraient de banquette ; moi, je l'ai toujours appelé « mon canapé ».

Dans ses jeunes années, mon canapé a grandi en compagnie d'une table basse, de quelques fauteuils, d'une cheminée et d'un aquarium. Il a bien-sûr été intime avec les fesses de nombre de mes amis et pour ce qui concerne la famille, il en a vu bien plus encore.

Et puis un jour, nous avons déménagé.

Comme nous étions très attachés à lui, mon canapé a fait le voyage avec nous. La table basse et les fauteuils aussi, d'ailleurs. L'aquarium a été, par-contre, avantageusement remplacé par une bibliothèque. Quant à la cheminée, elle n'a, bien entendu, pas fait le déplacement.

Mais d'autres arrivants sont venus peupler le salon.

Une commode ancienne tout d'abord, et surtout, l'énorme téléviseur qui trônait sur celle-ci. Et comme le wifi faisait lui aussi partie des nouveaux venus, la table basse a très vite sympathisé avec mon ordinateur portable.

Et c'est alors que le miracle s'est opéré. Mon canapé est devenu un canapé 2.0 !

Du jour au lendemain, ce n'était plus lui qui invitait le fessier de mes visiteurs à le rejoindre, mais c'était, sans qu'il n'ait rien demandé, le monde qui s'invitait à lui.

Il découvrait ainsi pêle-mêle, les chefs-d'œuvre du cinéma, les horreurs du monde contemporain, les systèmes de gestion informatisés de mes clients, la médiocrité des diffusions télévisées, l'état de mes comptes en banque, mes correspondances par messagerie, et, comme le disait le vieux Gomez[1], « j'en passe et des meilleurs ».

Le choc a dû être terrible pour lui, mais malgré cela, il est demeuré d'un stoïcisme exemplaire.

Jamais il n'a exprimé la moindre émotion ou émis le moindre frémissement. Jamais il ne s'est laissé aller à quelque vérité populiste ou à quelque raccourci intellectuel. Jamais il n'a été atterré, en colère ou bouleversé. En toutes circonstances, il est resté digne.

Digne ... et muet.

A tel point, j'ose à peine le confesser aujourd'hui, qu'il m'est arrivé de douter de la réalité de son âme et de sa conscience.

---

[1] Victor Hugo, Hernani, acte 3, scène 6

Mais cette noire pensée ne m'a pas effleuré bien longtemps.

Je me suis remémoré Buzz l'éclair, le *ranger de l'espace* de Toy Story, qui découvrait, horrifié, qu'il était un jouet et je me suis imaginé dire à mon canapé : « tu n'es qu'un meuble ! »

Quelle désillusion ça aurait été pour lui !

Alors j'ai pris le temps de me poser pour mettre en ordre mes idées. Je me suis demandé, objectivement, s'il était possible d'être l'ami intime d'un objet inanimé. La question était d'un tel ridicule que je me suis rendu à la raison et que j'ai définitivement oublié toutes ces absurdités.

Si, à maintes reprises, mon canapé a fait la preuve de son extraordinaire maîtrise émotionnelle, il n'en a pas été de même pour moi.

J'ai été déstabilisé par la *Psychose* d'Alfred et Anthony[2], décontenancé par le *Chaos* de Coline et Rachida[3], épouvanté par les attentats d'Utoeya, de Paris, de Bruxelles, choqué par le tremblement de terre en Haïti, mortifié par la catastrophe de Sendai et Fukushima, stressé par mon quotidien au travail, consterné devant les télé-réalités, désespéré à la consultation de mes soldes bancaires, blasé, las, joyeux ou triste à la lecture de mes emails ;

---

[2] Alfred Hitchcock et Anthony Perkins

[3] Coline Serreau et Rachida Brakni

et, comme l'avait fait, en son temps, le vieux Jacques[4], j'ai fini par dénombrer ... une myriade de ratons laveurs. A moins qu'il ne se soit agi des lérots qui, quelquefois, traversent mon salon et qui partagent avec leurs compères noctambules, un extraordinaire masque de voleur justicier.

Mais je m'égare.

Face à toutes ces émotions, je ne suis resté ni de marbre, ni de cuir, ni de bois.

J'ai soupiré, tiqué, pleuré, râlé, toussé, souri mais surtout, j'ai commenté et démonté toutes les inepties qui m'étaient offertes, j'ai arrêté mes opinions et imaginé les solutions pour parvenir à graisser les axes autour desquels cette terre prétend tourner.

---

[4] Prévert n'était pas vieux lorsqu'il a écrit *Inventaire*, mais il était plus âgé lorsque, dans mon enfance, j'ai découvert ce poème. J'évoque ici le vieux Jacques puisque je l'ai toujours perçu ainsi.

J'ai ainsi découvert comment apporter à chacun une nourriture saine et abondante, un toit étanche, un emploi décemment rémunéré et une sécurité sans faille, comment convertir nos déchets en énergie propre, comment coller une rustine sur le trou de la couche d'ozone, comment calmer un tsunami ou canaliser un volcan, comment se déplacer plus vite que la lumière, comment souder la faille de San Andrea, comment refroidir la banquise et réchauffer nos cœurs.

Par quel miracle ai-je pu aboutir à cela ? Je me le demande encore parfois.

Ce qu'il faut bien comprendre, c'est que mon canapé offre un espace de créativité extraordinaire, où se côtoient les brèves de comptoir les plus élémentaires et les théories les plus élaborées. Les élans les plus humanistes y cohabitent avec les réflexes les plus étriqués.

En ce lieu, la testostérone est au plus bas, la bien-pensance est éphémère et la morale est endormie.

Ici, point n'est besoin de justifier sa position ou de vendre sa doctrine, car sur mon canapé, aucune idée n'est challengée, ni même échangée.

Ici, il est possible de reconstruire un monde juste et humain où chacun vit heureux, où personne ne connaît la misère, où la violence n'existe pas, où les ambitions individuelles peuvent s'exprimer sans nuire aux intérêts généraux.

Ici n'existe aucun surmoi. La bêtise peut s'exprimer sans honte et le génie, si parfois il survient, peut se vivre en toute humilité.

Toutes les théories qui y naissent, émanent de principes simples, de logiques implacables et de concepts adroits.

Et là où c'est extraordinaire, c'est que sur mon canapé, les mécaniques imaginées fonctionnent toujours comme des coucous suisses.

D'ailleurs, aucun empêcheur de tourner rond ne fréquente cet endroit.

Personne ne vient y apporter la contradiction ou y souligner un éventuel manquement dans les raisonnements élaborés. Personne n'y défend ses acquis et les opinions concurrentes n'y existent pas.

C'est un espace de liberté absolue.

Les anglo-saxons nous avaient apporté les think tanks qui fonctionnent un peu sur les mêmes principes.

Mon canapé est le think tank ultime, c'est un think alone !

Depuis quelques semaines, la brigade anti-carnée est à l'œuvre dans les médias français. Aymeric Caron, Matthieu Ricard, Franz-Olivier Giesbert, tous viennent nous expliquer que tuer des animaux pour les manger, c'est mal !

Concernant Matthieu, que dire ?

Il nous fait part de ses croyances et semble ne pas vouloir nous les imposer. Il a aligné sa façon d'être avec celles-ci. Il a forcément raison, cela ne me paraît pas contestable.

Aymeric, lui, est un militant.

Il a passé des mois et des années à potasser ses théories et à élaborer ses raisonnements. Il ne demande d'ailleurs, qu'à en débattre avec autrui, histoire de définitivement lui claquer le museau à celui-ci. Autant dire qu'échanger avec ce garçon à propos des modes d'alimentation de l'Homme doit être une expérience aussi épuisante qu'inutile.

Mais toi Franz-Olivier !

Je sens bien que tu as encore quelques doutes. Je vais donc moi aussi te faire part des miens.

Voici donc comment je vois la chose.

Il y a fort longtemps, *homo ça craint* battait la campagne et occupait pleinement sa place dans la chaîne alimentaire. On nous dit aujourd'hui, qu'il était chasseur-cueilleur et chacun imagine alors qu'il se nourrissait, tantôt d'un mammouth à la fraise des bois, tantôt d'un bison sur lit de noisettes, ou même, pour les plus incultes d'entre nous, d'un dinosaure aux herbes folles. Il apparaît pourtant plus vraisemblable que ses repas aient été composés de racines aromatisées à rien et que, lorsqu'il y eut de la viande à table, il ait lui-même fait partie du menu. Toutefois, *homo ça craint* ne rechignait probablement pas, lorsque l'occasion se présentait, à dévorer un mulot, un wombat ou un écureuil. Sans doute, d'ailleurs, mon cher Franz[5], n'aurions-nous pas, toi ou moi, hésité à cette époque, à améliorer notre ordinaire d'un lézard aux airelles ou d'une grenouille à l'igname.

Pour ma part, je ne vois, à ce stade de l'évolution, aucune faute morale dans cette attitude tendancieusement carnivore de l'hominidé. Celle-ci relevait assurément d'une fringalette sincère et de l'absence éhontée d'enseigne Biocoop ou Naturalia du côté de chez *ça craint*.

Mais, voilà qu'il y a peu ou prou 400 000 ans, ce petit malin d'Homo Erectus avait redistribué les cartes.

---

[5] Excuse ces familiarités, mais ce demi-prénom germanique éveille mes sympathies teutonnes

Comme son gamin refusait d'avaler ses limaces au petit-déjeuner, il avait découvert une façon originale de les accommoder. Sa femme, qui en avait eu assez de se geler les pieds, avait inventé « l'allume-feu » la semaine précédente. Depuis ce jour-là, toute la famille avait transpiré au fond d'une caverne et, il faut bien le reconnaître, ça avait été une expérience assez pénible. Mais en contrepartie de ce désagrément, Homo avait réussi à faire cesser les pleurs de *Mini* Erectus en lui proposant de la limace grillée. Il s'était aussi aperçu, après avoir laissé tomber la cuillère de bambou du mouflet dans la braise, que le feu rendait possible la fabrication d'armes et d'outils bien plus solides que ceux qu'il utilisait jusqu'alors. Le lendemain matin, il avait remis tout le monde sur la piste pour aller chasser le rhinocéros à la lance fumée. Finalement, après trois jours d'angoisse, il avait décidé d'attendre l'âge du bronze pour retenter l'expérience. Mais la petite troupe avait, malgré tout, fini par déguster un lapin au charbon assaisonné au radis noir.

Tout ça pour te dire, Franz-Olivier, que si Homo Erectus avait jusqu'alors, préféré les figues fraîches aux rats morts, un doute lui était venu sur l'intérêt des protéines animales lorsque, en lieu et place d'un marcassin rôti, il s'était vu proposer des rutabagas desséchés.

Alors, devons-nous considérer que ce lascar d'être humain avait commis le péché originel en devenant un chasseur volontaire au lieu du charognard opportuniste qu'il avait été autrefois ?

Peut-être...

Mais un péché au regard de qui ?

Probablement pas à celui des hyènes, des ours, des crocodiles ou des grands félins qui s'en payaient une tranche de temps à autres.

En tous les cas, Erectus n'avait pas dû être trop accablé par la honte ou par le remord puisque ses pratiques cynégétiques, mais aussi celles de ses cousins, avaient perduré pendant plusieurs centaines de milliers d'années ; au point, d'ailleurs, qu'après moult étapes et moult péripéties, certains d'entre eux s'étaient, un matin, éveillés Homo Sapiens.

Pour autant, ça ne leur avait pas enlevé l'envie de manger de la viande ; enfin quand ça avait été possible parce qu'entre les loups, les panthères, les alligators et ce viandard de néandertalien, il y avait eu de la clientèle sur le marché de la côte de bœuf. Et comme l'ami Cro-Magnon n'était, à la chasse, ni le plus costaud, ni le plus rapide, ni le mieux organisé, il avait fallu trouver des solutions.

Pour s'en sortir, il avait utilisé un principe simple : l'union fait la force !

La croissance des effectifs dans ses communautés lui avait progressivement permis de s'imposer au sommet de la chaîne alimentaire. Il avait même fini par s'acoquiner avec certains loups en les domestiquant et en partageant avec eux le gibier.

Ce qui laisse à penser que *Papi* Sapiens n'était pas la moitié d'un con.

Il faut dire qu'à force de faire manger de la graisse à ses gamins, sa lignée s'était mise à produire une myéline de première qualité et à développer, de ce fait, des capacités cognitives dignes de ce nom. A cette époque, il n'était cependant pas devenu suffisamment intelligent pour envisager de renoncer à manger d'autres animaux.

Les familles devenant des groupes et les groupes devenant des tribus, Homo Sapiens était certes devenu plus fort mais il s'était aussi montré moins mobile. Déménager tout son barnum devenant compliqué, il avait eu tendance à se sédentariser. Pour nourrir toute sa clique, il lui avait fallu étendre ses territoires de chasse, ce qui avait fait râler le personnel en charge de remplir le cellier. Certains mécontents avaient ramené du travail à la maison et s'étaient mis à élever des chevreaux et des marcassins. Mais le problème ne s'était pas réglé pour autant. Il avait fallu nourrir tous ces bestiaux et les alentours des villages s'étaient taris en nourriture facile[6]. Mémé avait fini par se plaindre du fait que les chèvres avaient mangé toute la salsepareille qu'elle utilisait pour sa soupe ; et comme les cochons avaient, eux, dévoré toutes les pommes, elle n'avait pas, non plus, pu préparer sa compote. Elle en avait donc été réduite à boire du lait de chèvre et à sucer des os de sanglier rôtis.

---

[6] *Fast food*, pour la version anglaise

Pour pallier à cela, elle avait tenté de planter elle-même quelques herbes mais ça n'avait rien donné. En insistant, elle avait observé, qu'en mettant en terre des graines de céréales, elle arrivait à faire pousser facilement quelques plants et qu'elle obtenait de plus, par ce procédé, des rendements extraordinaires. Elle avait ainsi trouvé le moyen de nourrir toute la communauté, animaux compris. Son petit-neveu s'était attribué le mérite de cette découverte et était, de ce fait, devenu le Pape auto-proclamé de cette Façon Nouvelle de S'Empiffrer Abondamment[7].

Je dois reconnaître, Franz-Olivier, que les inventions simultanées de l'agriculture, de la carie dentaire, de l'obésité et de la maladie cœliaque[8], peuvent nous amener à nous poser quelques questions. Mais focalisons-nous sur l'opinion du jour qui est, je le rappelle, « tuer des animaux pour les manger, c'est mal ! ».

Si je devais être parfaitement honnête, il me faudrait reconnaitre que ce n'est pas précisément ce que tu dis ou ce que tu écris. Je rappelle néanmoins, à ceux qui n'auraient pas lu le premier chapitre du présent ouvrage, que je rédige ce court billet depuis mon canapé qui est le lieu où tous les raccourcis sont possibles.

---

[7] FNSEA

[8] Provoquée par l'ingestion de gluten

Ceci étant clarifié, je me dois quand-même de préciser que tu dénonces, avant tout, les souffrances imposées aux animaux du fait de l'industrialisation de leur élevage et des hallucinantes conditions d'abattage qu'ils subissent.

Il faut dire qu'à force de dominer la chaîne alimentaire, Sapiens a fini par se persuader qu'il n'appartenait plus au monde animal. Preuves en sont ces quelques indices :

- Il ne tue plus lui-même les animaux qu'il mange.

D'ailleurs, au lendemain de la seconde guerre mondiale, la situation est devenue plus grave encore. A cette époque, *homo colombeylus eglis eglis*[9], de peur que sa dynastie ne s'éteigne au profit d'*homo rachitis cretinus*, avait fait intensifier l'élevage. Celui-ci s'était massivement industrialisé. Et depuis, non seulement l'Homme ne tue plus lui-même ses proies mais il ne sait plus, non plus, qui les a tuées. Il est en quelque sorte redevenu un charognard.

- Il fait disparaître ses morts.

L'idée d'enfouir les cadavres de ses semblables pour les soustraire aux appétits d'autres espèces n'est, somme toute, pas mauvaise.

---

[9] Appelé aussi, en Général, *homo gaullus de carolis*

Elle a permis, au fil du temps, de faire oublier aux prédateurs le goût de la chair humaine. Mais aujourd'hui, Sapiens préfère bien souvent incinérer ses défunts et, au-delà du fait que ce soit une aberration écologique, ce n'est franchement pas fair-play pour le reste du monde animal. C'est à se demander s'il ne craint pas d'être, un jour, sauvagement agressé par un asticot ou par un ver de terre affamé, lors d'un pique-nique à la campagne.

- Il se croit invincible.

Il fait du surf dans les zones de prédation des grands requins blancs, chasse à l'arc des ours polaires affamés, part photographier à pieds les grands fauves et les éléphants, se mesure aux serpents les plus venimeux et aux crocodiles les plus féroces. Autant dire que si *colombeylus* a effectivement échappé à son destin premier, il a néanmoins rapidement basculé vers un nouveau taxon dénommé *homo abruticus gigantis*[10], dont le professeur Michel Audiard a, dès 1963, décrit les caractéristiques dans un documentaire intitulé « Les tontons flingueurs ».

Si l'hémisphère gauche de l'hominidé a globalement pris acte de la disparition de ses prédateurs, son cerveau reptilien a, lui, pressenti une embrouille.

---

[10] Appelé aussi, familièrement, con

Il a donc fait appel à l'hémisphère droit pour qu'il propose des moyens efficaces d'entretenir les aptitudes à l'autodéfense de l'espèce.

Et celui-ci s'est montré créatif.

Il a trouvé prétexte à confronter l'Homme à toutes sortes d'animaux susceptibles de le tuer ; et, comme cela ne lui suffisait pas, il l'a incité à pratiquer, avec ses semblables, un art martial unique au monde : la Guerre Sans Cause Réelle ou Sérieuse[11]. Pour les sujets les moins belliqueux, il a plus simplement suggéré la pratique du sport.

Encouragé par ses succès, il a ensuite cherché à motiver Sapiens. Il lui a alors fait imaginer des dragons, des hydres, des extraterrestres, des Freddy Krueger et de nombreux autres adversaires fantasmés.

Un jour, contre toute attente, l'hémisphère gauche a émis quelques réserves. La pratique abusive de la GSCRS risquait de mettre en péril la survie de l'espèce humaine.

Pour pallier au problème, son confrère de tribord a alors proposé un dispositif extraordinaire destiné à faire ressentir à chaque individu, les émotions de ses semblables : l'empathie. L'idée générale était de faire en sorte qu'Homo cesse de pratiquer les violences qu'il ne souhaitait pas lui-même subir.

---

[11] GSCRS

Il nous faut reconnaître que ce système, lorsqu'il accepte de s'enclencher, fonctionne à merveille. Le souci, est qu'il connait parfois, quelques ratés à l'allumage. D'autre part, il n'est pas sans effet secondaire, puisque quelques champions de l'empathie pratiquent couramment cette discipline avec toutes sortes d'espèces animales. Ceux-là, bien souvent, mettent aujourd'hui en cause les paysans, les chasseurs et les employés des abattoirs, qui paradoxalement, sont les personnes chargées de les nourrir. Il faut dire que le néocortex cérébral a fini par se mêler de cette affaire et qu'il est parvenu à suggérer à l'être humain qu'il pourrait lui-même, un jour, servir de nourriture à des extraterrestres éleveurs, avides de chair fraiche.

Tu le croiras si tu le veux, mon cher Franz-Olivier, mais nous avons même récemment découvert un sujet, convaincu que *l'animal est une personne*[12].

Est-ce à dire qu'après avoir tenté d'échapper lui-même à son animalité, l'Homme va maintenant essayer d'impliquer dans sa démarche insensée, tous les autres êtres vivants de la création ?

Je ne suis pas certain que ce soit un cadeau *pour nos sœurs et frères les bêtes*, que de vouloir les faire renoncer à une reproduction naturelle. Pas plus d'ailleurs que d'espérer faire grandir leurs petits en dehors de l'utérus de leur mère.

---

[12] L'animal est une personne : Pour nos sœurs et frères les bêtes de Franz-Olivier Giesbert – Fayard 2014

Moins encore, que de sélectionner leur descendance pour qu'elle devienne mâle ou femelle, grande ou forte, ou même, protégée des maladies. Si nous les emmenons avec nous dans cette aventure – parce que, n'aie aucun doute là-dessus Franz-Olivier, nous y allons à pas de géant - ils subsisteront certes 1000 ans[13], mais le secret de la vie n'appartiendra alors plus qu'à une poignée d'entre nous. Et quand ce groupe disparaîtra, nous ne saurons plus, ni nous nourrir, ni nous reproduire, et nous nous éteindrons tous ensemble.

Alors voilà Franz, je sais que toute vie mérite respect ; je sais aussi que nous mangeons beaucoup trop de viande ; je sais que notre surconsommation de bovins, ovins, caprins, porcins, ou poissons en tous genres est une folie. Je sais enfin que la façon dont nous pratiquons l'élevage ou l'abattage mérite une sévère remise en cause. Et, si demain, comme le prédit Aymeric Caron, nous devenons tous végétariens, je m'y résoudrai sans résistance.

Mais je ne crois pas que ce soit là une voie vertueuse.

La vérité est qu'il me semble préférable, pour préserver notre espèce, que chacun d'entre nous continue à consommer des protéines animales tout en renonçant catégoriquement à se comporter en charognard.

____

[13] Voir, par exemple, l'excellente conférence de Laurent Alexandre au TEDx de Paris en 2012

Cela impliquerait que nous connaissions tous, les éleveurs ou les pisciculteurs auprès desquels nous nous approvisionnons et que ceux-ci pratiquent eux-mêmes, un abattage sur la base exclusive des commandes individuelles qui leur sont passées. Cela nécessiterait aussi que nous réhabilitions la chasse ce qui, tant je redoute la présence d'Hommes en armes, me perturbe un peu.

Tout cela pour te dire, mister FOG, que je crois profondément que nous sommes des animaux et, qu'à ce titre, nous devons accepter de prendre notre place dans la nature.

Ceci étant énoncé, je m'en vais déguster mon civet de marcassin aux pommes sautées. Et j'en ressens d'autant moins de honte que, selon mes informations, la famille du malheureux élu s'apprêtait, avant la disparition de ce dernier, à dévaster mon jardin.

3 – Démocratie

Démocratie

Hypothèse récurrente et farfelue bâtie sur l'idée que le petit peuple pourrait participer, au côté des riches et des puissants, aux décisions prises pour la communauté.

M.F. Edmond - 2016

1984[14]

Nous étions jeunes et larges d'épaules[15], si jeunes, d'ailleurs, que la chanson de Bernard Lavilliers n'avait pas encore chatouillé nos oreilles. Les prédictions de George Orwell, elles non plus, n'étaient pas encore totalement advenues. Mais ce n'était qu'un simple contretemps aujourd'hui oublié.

Est-ce à dire que nous vivons maintenant sous le régime totalitaire que décrivait ce bon George en 1959 ? Chacun en jugera.

---

[14] *Nineteen Eighty-Four* – George Orwell - 1959

[15] *On the road again* – Bernard Lavilliers - Album *If…* - 1988

1984 donc, élections européennes.

J'ai 18 ans, je suis jeune, raisonnablement large d'épaules et en âge d'aller voter pour la première fois. François Mitterrand est au pouvoir depuis trois ans, le programme commun[16], qui l'a fait élire, est interrompu, une politique de rigueur est engagée et les électeurs de gauche sont globalement dégoutés.

La participation au vote, de 57%, est jugée assez faible à l'époque. Elle n'a pourtant, depuis, jamais plus été égalée en France lors d'une élection européenne[17].

Pour la première fois, le Front National enregistre un succès important dans une élection majeure, puisqu'il remporte 11% des suffrages exprimés. De son côté, Mitterrand, même s'il perd largement l'élection face à une alliance de droite UDF-RPR menée par Simone Veil, se débarrasse définitivement de ses rivaux du Parti Communiste Français. George Marchais, secrétaire général du PCF, obtient quasiment le même nombre de voix que Jean-Marie le Pen, dirigeant et co-fondateur du Front.

---

[16] Programme de réformes établi en 1972 par le Parti Socialiste, le Parti Communiste et le Mouvement Radical de Gauche

[17] La participation aux élections européennes de 2014 était de 42%

Devant la « montée du FN », les personnalités politiques des grands partis d'après-guerre s'alarment. Elles assimilent cette organisation, aux mouvements populistes, fascistes et nazis, des années 30 et 40. Elles craignent, par conséquent, un retour de la violence et la mise en péril de notre démocratie. Elles nous parlent de « vote contestataire » ou de « vote protestataire », termes qu'elles utilisaient auparavant pour qualifier les quelques timides succès enregistrés par les partis d'extrême-gauche.

Il faut dire qu'il est gratiné Jean-Marie.

Car s'il est rare qu'il habille une même phrase, d'un commentaire raciste, d'une envolée antisémite, d'une parole discriminatoire et d'un propos négationniste, ses outrances et ses provocations se succèdent, tout de même, à fréquence honorable.

Et le monde est ainsi fait que, lorsqu'un malotru émet un vent sonore au sein d'une assemblée, ladite assemblée réagit de façon hétérogène. Si certains s'offusquent de la goujaterie perpétrée, d'autres s'en amusent. Mais d'autres encore, peuvent se laisser aller à crier au génie subversif. Ces deux dernières catégories ont fait le succès de monsieur Le Pen, celui-ci ayant trouvé, à travers elles, sa légitimité de candidat antisystème.

Marine, qui a succédé à son père à la tête du parti[18], en a fini avec ces pratiques déplacées. Elle a ramené à elle des personnes du groupe des offusqués, élargissant ainsi encore un peu, au moins dans un premier temps, sa base électorale. Mais en contrepartie, elle se retrouve à la tête d'un mouvement qui, outre le fait qu'il n'ait pas, depuis la fin de la seconde guerre mondiale, participé à la gouvernance du pays, n'a, pour beaucoup de gens, plus rien d'antisystème.

Mais de quel système parlons-nous au juste ? Ah oui, la démocratie !

Mais de quoi s'agit-il ? En 1984, nous entendions parfois ces quelques évidences :

- On est dans un pays libre ! On est en démocratie !

- Regardez ces pauvres Russes. Ils ne peuvent pas quitter leur pays, ils ne peuvent pas s'enrichir en travaillant, ils sont constamment surveillés, leurs élections sont truquées, ils vivent en dictature !

- La dictature, c'est la guerre, la démocratie nous a apporté la paix. Rendez-vous compte, cela fait bientôt quarante ans que ça dure ! C'est inédit dans l'Histoire moderne.

---

[18] A ceux qui ont la mémoire courte, je rappelle que nous parlons ici de démocratie …

Ces brèves de comptoir sont, somme toute, assez éloignées de la définition que le Larousse 2016 nous propose :

Démocratie

Système politique, forme de gouvernement dans lequel la souveraineté émane du peuple.

De plus, les évidences de 1984 en ont pris un coup :

- Qui peut dire aujourd'hui qu'il ne se sent pas surveillé ?

- Qui peut dire que la démocratie c'est la paix ? Les Israéliens ? Les Américains ? Les Français ?

- Qui peut dire que nos élections ne sont pas truquées ? Les 55% de français qui ont voté « Non » au référendum de 2005 sur la constitution européenne ? Les candidats à l'élection présidentielle, nécessairement cooptés par 500 élus, eux-mêmes dépendants des partis au pouvoir ou des subventions qu'indirectement, ceux-ci accordent ?

- Qui peut dire que les Russes sont cloîtrés dans leur pays ?

- Qui peut prétendre s'enrichir du fruit de son travail ?

Nous allons donc nous en tenir à la définition du Larousse.

En France, la souveraineté émane-t-elle du peuple ?

Depuis 40 ans, monsieur Hollande, monsieur Sarkozy, madame Royal, monsieur Juppé, monsieur Bayrou, monsieur Fillon, et ce ne sont pas les seuls, se préparent à représenter le peuple en accédant à la présidence de la république. D'autres suivent : monsieur Copé, monsieur Valls, monsieur Didier, monsieur Montebourg, monsieur Macron, etc.

Mais la vraie question est de savoir si depuis 20 ans, 30 ans ou 40 ans, le peuple, puisqu'il se doit d'être souverain, se prépare et aspire à élire ceux-là.

C'est peu probable.

A cet argument simplissime, certains rétorqueront, qu'être représentant du peuple, c'est vivre avec celui-ci, construire ses propres opinions, proposer et défendre ses solutions, persuader de sa capacité à les appliquer et se faire élire sur cette base. Autrement dit, être élu, c'est influencer et convaincre le peuple.

Mesdames et messieurs de chez Larousse, si nous vivons effectivement en démocratie, il va vous falloir vous remettre au boulot !

Là encore, d'aucuns prétendront que j'ai le sarcasme facile puisque chacun sait que nous appliquons dans notre pays, une forme particulière de la démocratie, adaptée à une population nombreuse, souvent peu concernée par la chose politique et assurément peu formée à celle-ci ; il s'agit là de la démocratie représentative.

Je vais répéter doucement cette phrase, tant elle me paraît incongrue !

« Représenter des gens peu concernés par l'exercice de leur souveraineté. » Non, ce n'est pas possible, j'ai dû me tromper ...

« Représenter des gens qui ne comprennent rien à ce qu'il se passe et encore moins à ce qu'il faudrait faire. » Moui, c'est bien cela ...

« Représenter des gens trop nombreux pour donner individuellement leur avis sur chaque sujet qui les concerne. » Oui, cette solution est préférable aux autres. Si ça les concerne de près, il ne vaut mieux pas qu'ils donnent trop précisément leur avis. Celui-ci serait chargé d'affect et en politique, il faut, évidemment, savoir garder la tête froide.

Mais je suis mauvaise langue, ...

D'ailleurs, à l'heure où j'écris ces lignes, Emmanuel Macron, ministre de l'économie, vient de donner sa démission à François Hollande pour se consacrer pleinement au peuple et au mouvement politique qu'il a lancé il y a quelques mois. De droite et de gauche, de nombreuses personnalités se succèdent pour fustiger sa décision et ses positions. Seuls les représentants du MEDEF se précipitent pour le soutenir, ce qui prouve bien que monsieur Macron joue pleinement son rôle de représentant du peuple. Et, sachant que le MEDEF est lui-même très représentatif du patronat français, cela prend tout son sens.

Les banquiers, comme d'habitude, se taisent.

... très mauvaise langue, ...

Surtout que monsieur Macron n'a encore jamais été élu par personne. Mais assurément, il saura comprendre ce que le peuple exprime ou tait, le reformuler de façon intelligible, se faire ses opinions, proposer et défendre ses solutions, persuader de sa capacité à les appliquer et se faire élire sur cette base.

... très, très mauvaise langue !

Bon alors, démocratie ou pas démocratie ?

Lorsqu'un député ou un sénateur vote, représente-t-il ses électeurs ? Représente-t-il son parti ? Est-il garant d'un programme que l'un des membres de son groupe a présenté au peuple ? Vote-t-il simplement en son âme et conscience ? Je n'aurai pas l'indélicatesse de répondre pour vous à ces questions.

Ce qui est paradoxal, c'est que nous sommes aujourd'hui capables de désigner en quelques minutes, le prochain chanteur qui nous gavera sur les ondes[19] dans les années à venir, mais que nous sommes dans l'impossibilité totale de donner réellement notre avis sur la prochaine loi qui définira nos droits, nos devoirs ou nos libertés pour les prochaines décennies.

Ce n'est pas comparable me direz-vous.

---

[19] Excusez le terme, les jeunes, je suis un vieux crouton.

Comment imaginer que chacun puisse donner son avis sur un sujet de société fondamental en utilisant les mêmes moyens, totalement dénués de contrôle, que ceux qu'il utilise pour voter à un télé-crochet ? Assurément, le système serait récupéré, truqué, biaisé ou manipulé par quelques individus mal intentionnés et, par conséquent, totalement contraire aux principes de base de la démocratie.

C'est vrai.

Et, je le dis là sans aucune ironie, il faut bien reconnaître que si une chose paraît fonctionner correctement dans notre mécanique politique, c'est le contrôle, par le peuple, du résultat de l'élection présidentielle. Ledit peuple serait donc, dans ce cas précis, capable de faire valoir une opinion de façon indiscutable et pacifique ?

Voilà qui est intéressant !

Pourquoi, alors, ce même peuple ne serait-il pas en mesure de se prononcer sur la conformité du vote de ses élus ? Si le choix des députés et des sénateurs était systématiquement évalué par les électeurs, et que toute non-conformité à leurs engagements disqualifiait ceux-ci de leur mandat, ils se trouveraient dans l'obligation de s'en tenir à leurs promesses électorales. Ils deviendraient donc de simples machines à voter et leur rôle de grands électeurs serait vidé de son sens.

A cela, les plus tatillons d'entre nous opposeront que les élus ne se positionnent pas, en amont, sur chacune des lois pour lesquelles ils vont être amenés à se prononcer.

C'est exact, et c'est bien la raison pour laquelle il me semble qu'en démocratie, les lois doivent être adoptées au suffrage direct ou, dans le pire des cas, si cela se justifie[20], par des assemblées de citoyens tirés au sort.

Mais comment réaliser cela ?

Eh bien, je ne le sais pas, mais il y a partout dans le monde des personnes qui ne m'ont pas attendu pour se pencher sur la question et je ne vais donc pas, depuis mon canapé, m'exprimer à leur place.

Imaginons donc que l'adoption des lois incombe un jour aux citoyens. Cela leur permettrait-il d'accéder à une forme de souveraineté ?

Pas totalement, et cela pour plusieurs raisons.

Tout d'abord, parce que ce qui se décide à l'échelle d'un pays ne suffit plus aujourd'hui à présider à la destinée de ses citoyens. Ensuite, parce qu'une loi n'est finalement qu'une déclaration d'intention mais que sa mise en application est un autre défi d'importance.

---

[20] Si, par exemple, la consultation préalable d'experts est nécessaire à la compréhension d'un projet de loi, ce qui d'emblée, ne serait pas très bon signe.

Enfin parce que, ne soyons pas naïfs, l'approbation des lois par le peuple ne provoquerait pas la disparation des groupes de pression et des groupes de pouvoir indépendants.

Ce serait malgré tout un premier pas vers un futur plus égalitaire.

Mais plus égalitaire signifie-t-il pour autant plus juste ? plus heureux ? Autrement dit, pourquoi vouloir absolument instaurer la souveraineté du peuple ?

La réponse est simple : pour éviter que quelques personnes ne s'approprient l'ensemble des richesses dont nous avons tous individuellement besoin pour vivre décemment. Répartir le pouvoir entre tous, c'est réduire le risque de se le faire confisquer par quelques-uns.

Et je dis bien, réduire ...

17 juin 1984 enfin, élections européennes.

Je ne parviens plus à me souvenir si j'ai effectivement voté. J'ai la sensation que oui, mais, honnêtement, je ne saurais plus dire, aujourd'hui, si j'avais anticipé mon inscription sur les listes électorales de mon village avant le scrutin.

Mais suite à cette consultation, j'ai participé à la quasi-totalité des élections qui ont été organisées dans le pays, que ce soit au niveau national ou à un niveau plus local, qu'il se soit agi de désigner des élus ou de donner mon avis lors d'un référendum.

Pourtant, plus le temps passe, plus il m'est difficile de faire un choix au moment de déposer mon bulletin dans l'urne.

Mais je continue malgré tout à aller voter et cela pour plusieurs raisons.

La première, et probablement la plus prégnante, est d'ordre éducatif. Car bien avant 1984, mes parents, ma famille, mes enseignants, divers médias, toute une foule de personnes, anonymes, influentes, proches ou aimées, m'a appris que le vote était une chance et que la démocratie, ça se méritait.

Et c'est une idée profondément ancrée en moi.

A tel point d'ailleurs, que la seconde raison qui m'incite à continuer à aller voter est identique à la première, même si elle est plus d'ordre intellectuel ou philosophique. Et pour les poissons rouges qui auraient fait le tour du bocal depuis le précédent paragraphe, je la répète : la démocratie ça se mérite. Elle n'est ni un état de fait, ni un droit, ni même, n'en déplaise à monsieur Larousse, un système politique.

La démocratie est une ambition ! L'ambition de la souveraineté du peuple. Merci, madame[21] Larousse. Et l'ambition demande toujours de l'engagement.

---

[21] Madame Larousse me semble finalement plus logique que monsieur Larousse, mais n'y voyez pas là l'idée que

Vous l'aurez compris, je ne suis pas convaincu que le système politique ayant actuellement cours en France, incarne pleinement toutes les vertus de la démocratie. La 5ème république est un régime qui a rempli son rôle durant deux décennies, tant que le pays connaissait une croissance satisfaisante et que l'accumulation des richesses par les puissants ne provoquait pas l'appauvrissement systématique d'une proportion visible du reste de la population. Mais dès lors que nous sommes entrés en récession, dès lors aussi que les richesses produites ou exploitées par nos citoyens, sont allées enrichir les citoyens d'autres pays, la machine s'est grippée.

Toutefois, nous n'en sommes pas non plus à l'âge de pierre et le régime politique dans lequel nous vivons est tel, que chacun d'entre nous dispose de quelques droits, la plupart d'entre nous, de la capacité à se nourrir et à se loger, une majorité d'entre nous de quelques richesses et certains d'entre nous, de la possibilité de se divertir ou de se cultiver. C'est un début ...

C'est un début qu'il ne faudrait pas remettre en cause par l'absolue nécessité d'instaurer la souveraineté du peuple. Et j'en viens-là, à la troisième raison qui m'incite à continuer à aller voter.

J'aimerais beaucoup être un révolutionnaire mais je ne suis malheureusement, qu'un triste réformateur.

---

j'attribuerais aux femmes, le talent d'avoir raison alors que je dédierai aux hommes l'aptitude de se tromper.

La révolution porte en elle une dimension exaltante. Elle est l'occasion de remettre en cause toutes les mécaniques sclérosées et de mettre en œuvre des systèmes plus justes et plus efficaces. Elle est aussi l'occasion de se débarrasser des individus qui jouent exagérément leur carte individuelle au détriment systématique de la communauté. Mais elle porte aussi en elle une dimension plus dramatique puisqu'elle est, bien souvent, violente et destructrice. Elle a, de ce point de vue, de nombreux points communs avec la guerre.

Et qui voudrait de la guerre à part, peut-être, ceux qui ont oublié ce que c'était ? En tous les cas, pas moi. Et je ne suis donc pas prêt à tenter de dynamiter le régime en cours pour en imposer un nouveau.

Je ne peux pas, non plus, me résoudre à abandonner toutes mes prérogatives à des gens qui tireraient parti de ma démission pour revendiquer leur légitimité. C'est pourquoi, tant que mes proches et moi continuons à jouir d'une certaine sécurité, je continuerai probablement à pratiquer le vote mou.

Je sais bien que ce n'est pas suffisant, et qu'en plus de mes heures de travail, en plus du nécessaire temps que je partage avec ma famille et mes amis, il serait important que je m'implique plus souvent dans la vie de la collectivité.

Mais de quelle façon ?

Peut-être, pour timidement commencer, en écrivant ces quelques lignes ...

4 – Ecole

«

- L'école …

- Aïe !

- L'école, …

- Mais aïe !

- Arrêtez cela immédiatement ! J'aborde ici un sujet sérieux. Par conséquent, je vous remercie de ne pas perturber mon intervention et de garder le silence ! L'école, donc …

- Aïe, aïe, aïe !!!

Rires et réactions offusquées dans l'assemblée.

- …

- Mais souriez un peu ! Le sujet que vous abordez est trop important pour être traité sérieusement.

- Non mais alors là, c'est l'étincelle qui fait déborder le vase ! Mais où allons-nous ? Votre attitude est inadmissible !

Rires.

- … le feu aux poudres …

- Quoi, le feu aux poudres ?

- On dit : c'est la goutte d'eau qui met le feu aux poudres !

Rires.

- … ?!!!? C'est malin !

- Détendez-vous, on va discuter.

- Ah oui ? Alors vous, le clown de service, vous proposez quoi ? L'école du rire pour tous ?

- Mais ne vous fâchez pas, j'ai dû mal m'exprimer. Je disais simplement que l'école est un sujet trop important pour être traité avec sérieux.

- Et comment voulez-vous en débattre alors ? Dans la cohue et le brouhaha ?

- Certainement pas !

- Comment alors ?

- Je ne sais pas. Avec tendresse par exemple. Ou avec un peu de recul, et pourquoi pas un peu d'humour …

- Je ne débats pas avec ceux qui interrompent sans cesse les gens qui s'apprêtent à parler. Avec des énergumènes comme vous, il ne faut pas s'étonner que les enfants n'y entendent plus rien à la discipline et au respect !

- … on pourrait aussi désacraliser un peu les choses.

- Et ben alors allez-y, prenez du recul ! Vous feriez quoi vous, pour que les élèves ne sortent pas incultes et illettrés de nos établissements scolaires ? Vous feriez quoi pour que le niveau général cesse de constamment reculer ? Vous feriez quoi pour inculquer aux enfants les bases de la civilité et un peu de sens civique ? Allez-y ! Dédramatisez !

- Comme vous y allez ! Je n'ai pas de solution toute faite ; et je ne suis d'ailleurs même pas sûr de partager tous vos diagnostics. Mais je me dis que, lorsqu'un sujet de cette nature angoisse autant de monde, quand le constat d'un échec ou d'un mécontentement est aussi unanime, quand toute tentative de réforme envoie systématiquement des millions de personnes dans la rue, l'urgence est de se détendre, de dédramatiser les problèmes auxquels nous sommes confrontés et peut-être de nous demander ce que nous attendons de l'école.

- Bien-sûr ! C'est encore un prétexte pour ne rien faire. Et en attendant, les choses empirent. Ça a été fait mille fois ça !

- Alors ne perdons pas de temps, faisons un rapide sondage.

A l'assemblée.

Vous qui êtes venus assister à cette conférence, vous qui êtes, à priori, concernés par le sujet, vous attendez quoi de l'école ?

- *... du travail pour nos enfants ... qu'elle ne fasse pas de nos gamins des délinquants et des drogués ... qu'elle leur apprenne à lire, à écrire et à compter ... qu'elle leur donne un peu d'instruction ... qu'elle me rende mon fils vivant et en bonne santé tous les soirs, le reste je m'en occupe ... plus de travail ... qu'elle m'aide à faire de ma fille une femme libre et indépendante ... que la mienne puisse entrer dans la police ... de contribuer à fabriquer des citoyens responsables, engagés, respectueux des autres et heureux ... qu'elle donne à mes enfants les armes pour se faire une place au soleil ... qu'elle leur apprenne le sens de l'effort et de la discipline ... leur apprendre à vivre ensemble ... qu'elle leur apprenne plutôt à se défendre dans la vie ... moins de devoirs ... oh vous savez, nous on attend plus grand-chose ...*

- Excusez-moi, monsieur le conférencier, je n'ai pas noté votre nom. Mais que pensez-vous de tout cela ?

- L'école est là pour éduquer, instruire, socialiser et former nos enfants. Ce n'est ni une auberge espagnole, ni la foire à la saucisse.

Sifflets.

- Tout cela semble, en effet, être assez clair dans votre esprit, mais je n'ai malheureusement pas l'impression qu'un consensus se dégage sur le sujet, tout au moins pas dans cette assemblée.

- Bien entendu que c'est clair dans mon esprit, j'ai consacré la majeure partie de ma vie à travailler sur cette question. Et c'est d'ailleurs pour cette raison qu'on m'a demandé d'intervenir aujourd'hui. Mais si mon avis ne vous intéresse pas, je peux tout aussi bien en rester là.

Sifflets.

- Détrompez-vous, votre avis nous intéresse. Enfin, en ce qui me concerne, c'est assurément le cas. Mais avant d'évoquer les difficultés rencontrées par les institutions scolaires pour assumer leur mandat, j'aurais aimé que l'on partage une vision commune de ce qu'est ledit mandat.

- Mais comment pensez-vous arriver à cela alors que vous m'interrompez constamment ?

- J'admets être un peu taquin, mais il n'y a pas mort d'Homme. Vous dites par exemple que l'un des rôles de l'école est d'éduquer. Ne serait-ce pas plutôt le rôle des parents, d'éduquer leurs enfants ?

- *... évidemment que c'est le rôle des parents, mais quand on voit ce que certains parents sont capables de faire, il vaut mieux que l'école s'en charge aussi ! ... ah oui, parce que vous trouvez que les enseignants s'en sortent mieux pour éduquer nos enfants ? ... c'est idiot ce que vous dites, la responsabilité de l'éducation des jeunes est conjointe, évidemment !*

- Je vous rappelle cher monsieur, qu'en France, l'école est principalement animée par une organisation nommée E-du-ca-tion Nationale. Ça me paraît donc sans équivoque !

- Vous avez raison, si c'est écrit dans le titre, c'est que ça doit faire partie du mandat. Pourtant, tout le monde n'a pas l'air d'accord. Avons-nous des enseignants dans la salle ? Vous avez peut-être un avis.

- *... un peu qu'il en a des enseignants dans la salle ! moi mon rôle, c'est de transmettre du savoir, ce n'est pas d'éduquer les mômes ! ... on est bien obligé de faire un peu d'éducation, enfin si on peut appeler ça comme ça puisque ça consiste surtout à essayer de se faire respecter ... et avec les moyens qu'on nous donne, c'est de plus en plus dur ... moi dans mes classes, tout se passe bien ... oh, on se calme, ils nous posent la question de l'éducation, pas de la discipline ou du dressage ! ... c'est facile à dire pour toi, tu es prof de sport !*

... ah oui ? alors viens-voir passer une semaine avec moi ! tu verras si c'est facile ... forcément que l'éducation fait partie de notre mission, mais ça ne veut pas dire que les parents doivent démissionner ... oui, eh bien parlons-en des parents ; ils sont toujours à râler mais quand on organise des rencontres parents-professeurs, personne ne vient ... sans compter qu'on est pas payés pour travailler jusqu'à 22 heures ...

- Monsieur le conférencier ?

- ... Ce n'était pas le sujet du débat.

- Vous avez raison et je sens bien que nous n'aurons pas assez de la soirée pour trancher cette question. Attachons-nous alors aux autres rôles que vous avez cités. Instruire, disiez-vous ? Il devrait y avoir moins de divergences sur celui-ci.

- *... ah ça oui, c'est indéniable, nous autres enseignants sommes là pour instruire ; si seulement nous pouvions nous consacrer pleinement à cela ... oui ; ben quand je vois ce que mon fils a appris en maths cette année, on se demande ce que vous foutez ... mais faites-le donc, vous, si vous vous croyez plus fort que tout le monde ... je paie des impôts pour ne pas avoir à le faire, madame ... j'aimerais bien que vous m'expliquiez comment leur faire assimiler le programme alors qu'ils n'en ont même pas acquis les bases*

... chez moi, les gamins en apprennent dix fois plus sur l'internet qu'à l'école ...

Brouhaha, chahut et capharnaüm !

En aparté.

- Alors monsieur l'amuseur public, vous disiez « avec tendresse, avec humour et avec un peu de recul ». Bravo ! Je suis impressionné !

- Vous marquez un point monsieur le conférencier. Essayons d'évoquer avec eux la notion de socialisation. Ça les inspirera peut-être un peu plus.

- Ne vous fatiguez pas, si vous faites cela, ils vont vous parler de football, de la fin du service militaire et de la déshérence de l'église catholique.

- Non ?

- J'en suis certain, croyez-en mon expérience.

- Ah ! Et pour la formation aussi vous avez une idée de ce qu'ils vont dire ?

- Oui, venez je vais vous raconter tout ça. Laissons-les s'expliquer entre eux. Je vous emmène boire un verre.

»

Si vous saviez comme je suis satisfait d'être sur mon canapé plutôt que dans cette salle de conférence.

Il n'empêche que je suis plutôt de l'avis de l'amuseur public. Quels que soient ses maux, il faut cesser de vouloir à tout prix réformer l'école et prendre un peu de recul pour s'interroger sur sa mission réelle.

J'ai, par exemple, une proposition simple.

Supprimons l'école publique gratuite et obligatoire, histoire de vérifier si Jules Ferry se retourne dans sa tombe. De toute façon, si vous avez des enfants, vous savez bien que monsieur Ferry se retrouverait, dans cette hypothèse, à nouveau sur le dos, compte-tenu du fait que si l'école est toujours obligatoire de nos jours, cela fait bien longtemps qu'elle n'est plus gratuite.

Ma proposition est évidemment une provocation, mais raisonnons par l'absurde et considérons-la comme advenue.

La déclaration de mon conférencier devient alors :

« Les parents ont le devoir d'éduquer, d'instruire, de socialiser et de former leurs enfants »,

Assertion à laquelle on peut ajouter :

« Ils peuvent pour cela se faire assister de tous les moyens qui sont à leur disposition, l'école par exemple ».

Allez, je vous laisse avec ça.

5 – Nation

En mai 2007, Nicolas Sarkozy fait créer, en France, le

« Ministère de l'Identité nationale, vos papiers s'il vous plaît ! ».

En vérité, l'intitulé exact de l'institution était à l'époque le

« Ministère de l'Immigration, de l'Intégration, de l'Identité nationale et du Co-développement »,

Ce qui revient à peu près au même puisque, comme souvent, tout est dans le titre.

Pour les personnes en mal d'inspiration, je suggère la traduction suivante :

« On va vous dire qui est dans la nation, ça nous permettra de foutre à la porte ceux qui n'y sont pas, de filtrer ceux qui veulent y entrer et de filer l'obole à ceux qui restent dehors ».

Ce ministère était une promesse de campagne ; par conséquent, une autre traduction est possible :

« Ceux de mon camp voteront pour moi, les supporters du FN viendront aussi et pour ceux qui ont des vapeurs, je vous promets que je suis un type bien ! ».

Mais, je me rends compte, à l'instant, que mon amuseur public vient de s'échapper du chapitre précédent pour s'inviter dans le chapitre courant.

Il me glisse à l'oreille que le sujet que j'ai choisi est à nouveau trop important pour être traité sérieusement. Il vient d'ajouter qu'il lui paraissait déraisonnable d'y mêler les politiques.

Non mais dis-donc ! Occupe-toi de tes affaires et retourne voir à l'école si j'y suis !

Il n'empêche qu'avec la propension de Nicolas à faire le malin, ma belle-mère, qui souhaite faire renouveler sa carte d'identité, a dû, à 80 ans, faire une demande d'acte de naissance à la mairie de Libourne pour prouver sa nationalité française.

Autant dire qu'on se sent protégé des hordes migratoires de barbares phagocyteurs d'aide sociale. Mais je durcis un peu le trait, j'en conviens, puisqu'elle a réussi son examen haut la main. Heureusement, un peu plus, on la renvoyait en ... heu ... ben en France...

Mais revenons au sujet du jour, la nation. De quoi s'agit-il ?

La famille, je vois. Les voisins aussi. Le village je situe bien, ce sont toutes les personnes qui habitent en face de ma terrasse et aussi un peu sur les côtés.

Mais la nation ?

Que nous dit Larousse cette fois-ci[22] ?

---

[22] Je suis désolé pour Robert et consorts, mais vous le savez, j'écris depuis mon salon et mes recherches sur l'internet m'orientent systématiquement chez Larousse.

<u>*Nation*</u>

- *Ensemble des êtres humains vivant dans un même territoire, ayant une communauté d'origine, d'histoire, de culture, de traditions, parfois de langue, et constituant une communauté politique.*

- *Entité abstraite, collective et indivisible, distincte des individus qui la composent et titulaire de la souveraineté.*

Essayons d'y voir clair :

« Ensemble des êtres humains ... », nous dit-on. La nation est donc un groupe d'individus.

Mais comment identifier les membres de ce groupe ?

Poursuivons notre analyse syntaxique.

« ... des êtres humains vivant dans un même territoire, ayant une communauté d'origine, d'histoire, de culture, de traditions ... ».

Là, les choses commencent à s'obscurcir.

J'ai par exemple une voisine, dont l'accent me donne à penser qu'elle est allemande. « Son origine, son histoire, sa culture et ses traditions » sont, sans doute, très semblables à celles dont je suis issu ; d'ailleurs, dans son enfance, on a dû lui raconter la vie de Karl der Große, dont j'ai moi-même entendu parler sous le nom de Charlemagne. Quant à la langue qu'elle pratique au quotidien, c'est un français tinté d'un léger accent germanique.

J'ignore si ma voisine est titulaire de la nationalité française et ça m'est d'ailleurs bien égal. Mais il est possible que ce ne soit pas le cas.

Je dois donc me résoudre à ce constat, la définition proposée par madame Larousse ne me permet pas de déterminer la nationalité de mes voisins.

C'est pourquoi je récidive dans mes propositions de définitions alternatives à celles des dictionnaires.

Nation

- *Ensemble des êtres humains d'une même nationalité.*

- *L'appartenance d'un individu à une nation est déterminée par le fait d'avoir obtenu, auprès de la communauté nationale, le droit d'accès à la nationalité.*

Et je n'écris pas cela uniquement pour rassurer ma belle-mère.

Ce que j'aime dans cette définition, c'est qu'elle est moins sujette à caution que celle de Larousse. On n'y parle pas de droit du sol, de droit du sang, de couleur, de langue ou de culture. Tu ne fais partie d'une nation que si les autres membres de cette nation t'ont accepté au sein des leurs.

Point final.

Tu es dedans ou bien tu es dehors ! Tout n'est qu'une question de réussite à un examen d'entrée ; ou de sortie d'ailleurs.

Mais bien souvent, l'examen de sortie pose problème à la communauté nationale puisque, si l'appartenance de ses membres peut, à tout moment, être remise en cause, la nation devient instable et risque la disparition.

Une nation qui bannit est une nation qui meurt.

Mais intéressons-nous maintenant à la deuxième partie de la définition de Larousse.

La nation qui, je le rappelle, constitue une communauté politique, serait aussi, selon l'assertion du dictionnaire, une entité souveraine.

Là encore, tout n'est pas aussi clair qu'il n'y paraît.

Le problème que je rencontre est que, la même dame Larousse, propose aussi en ses pages, une autre définition qui est la suivante :

Etat

Société politique résultant de la fixation, sur un territoire délimité par des frontières, d'un groupe humain présentant des caractères plus ou moins marqués d'homogénéité culturelle et régi par un pouvoir institutionnalisé.

Je ne suis pas sûr de bien comprendre.

La nation étant une communauté politique souveraine, que dire de son positionnement par rapport aux états ? Est-il juste de prétendre que les nations sont seules à pouvoir légitimer les états ? Je serais volontiers porté à croire cela.

Pourtant, dans les faits, je ne suis pas certain que ce soit ce que l'on observe de par le monde.

La nation Nisga'a, par exemple, que j'ai découverte au cours de mes voyages de pêche, n'a probablement pas légitimé l'état de Colombie-Britannique ; et encore moins, je le pense, la Confédération canadienne.

Je ne crois pas, non plus, que les Saami[23], aient eu l'occasion de légitimer les états, norvégien, suédois, finlandais et russe desquels ils dépendent. Pourtant, tout porte à croire qu'ils se perçoivent comme les individus d'une même nation. L'un d'entre eux m'a d'ailleurs dit un jour, tout en se plaignant de la pression fiscale qu'il subissait en Norvège :

« Nous, les Saami, sommes-là depuis 12 000 ans ».

J'ignore si cette affirmation est réellement fondée mais je trouve que l'on mesure bien, à l'aune de cette phrase, à quel point les états ne sont rien, comparés aux nations.

Tout ceci pour vous dire, Nicolas, François, Marine et consorts, que si la question de l'identité nationale est effectivement cruciale pour les individus et pour les peuples, elle ne relève, in fine, que de la souveraineté desdits peuples et aucunement de vos décisions qui ne seront, de toutes les façons, qu'éphémères.

---

[23] Les lapons, pour faire simple.

Et s'il appartient bien au pouvoir du citoyen, philosophe par exemple, ou même, pourquoi pas, polémiste, de s'exprimer publiquement sur ce thème, il est de votre devoir, de ne pas chercher à légiférer à son propos sans avoir, au préalable, consulté individuellement l'ensemble des membres de la nation.

Tout compte fait, mon amuseur public commence à me manquer. Mais où est-il passé cette andouille[24] ?

---

[24] Mon comité de relecture me fait remarquer qu'il faudrait écrire « Mais où est-elle passée cette andouille ? ». Ça se défend... Le jour où la tournure « Quelle heure est-elle ? » sera définitivement adoptée par l'Epidémie Française, je ferai imprimer une nouvelle édition.

Il y a quelques années, j'ai lu un autoportrait[25] fort élégamment écrit par Claude Berri[26].

Une partie de son ouvrage était consacrée à son épouse Anne-Marie et, plus particulièrement, au trouble maniaco-dépressif sévère dont elle souffrait.

A cette époque, le terme bipolaire était encore peu répandu. Aujourd'hui, la moindre saute d'humeur d'une personne stressée, fait dire à son entourage qu'il est atteint de bipolarité.

Foutaises !

Le trouble maniaco-dépressif est une maladie chronique grave, qui dégrade de façon conséquente la vie quotidienne de ceux qui en sont atteints, et qui, comme l'alcoolisme par exemple, altère aussi très sérieusement celle de leurs proches.

Il m'est arrivé de côtoyer des personnes bipolaires, notamment dans le cadre de l'exercice de ma profession ; mais je n'ai pas, moi-même, été confronté de façon intime à ce problème.

------

[25] *Autoportrait* - Claude Berri - Editions Léo Scheer, 2003

[26] Homme de cinéma français décédé en 2009 - réalisateur, producteur, scénariste et acteur.

Ceux qui me lisent, en cet instant, n'ont pas nécessairement tous bénéficié de cette chance.

C'est pourquoi, à ceux qui s'interrogent, je ne peux que conseiller la lecture de l'autoportrait de Claude Berri.

En espérant que celle-ci vous libère de vos soupçons.

Mes amours bi

Paroles et musique : M.F. Edmond - 2016

Quand tu t'épanouis dans un sourire solaire
Et que tu nous conduis dans ta folie légère,
Je passerais ma vie avec toi, toute entière,
Mais voilà tu es bi, toi tu es bipolaire.

Lorsque tu m'ébaubis de tes noires colères
Et que tu nous trahis dans ta furie guerrière,
Alors, je te maudis, te traite de sorcière,
Mais tu es mon amie et tu es bipolaire.

Bien-sûr, les amours bi sont des amours sincères,
Pourtant, elles sont aussi, des amours délétères.

Quand tu t'évanouis dans un vent de poussière,
Que tu te réfugies dans un silence amer,
Il faut que je m'enfuie, avant que l'on m'enterre,
Même si je sais, chérie, que tu es bipolaire.

Mais quand je suis parti, la vie devient austère,
Il n'y a plus de folies, il n'y a plus de misères,
Et quand plus rien ne brille, que tout devient vulgaire,
Alors je le honnis, ce monde unipolaire.

Bien-sûr, les amours bi sont des amours galères,
Pourtant, les amours bi sont des amours d'enfer !

Mes amours bi

M.F. Edmond

A-lors, je te mau-dis, te trai-te de sor-cière, Mais tu es mon a-
mie et tu es bi - po-laire. Bien--sûr, les a-mours bi sont des a-mours sin-cères,
Pour-tant, elles sont aus-si, des a-mours dé - lé-tères. Quand tu t'é-va-nou-is dans
un vent de pous-sière, Que tu te ré-fu-gies dans un si-lence a-mer,
Il faut que je m'en-fuie, a-vant que l'on m'en-terre, Même si je sais, ché-

rie, que tu es bi - po-laire. Mais quand je suis par-ti, la vie de-vient aus-tère,
Il n'y-a plus de fo-lies, il n'y-a plus de mi-sères, Et quand plus rien ne brille,
que tout de - vient vul-gaire, A-lors je le hon-nis, ce monde u-ni - po-laire.
Bien--sûr, les a-mours bi sont des a-mours ga-lères, Pour-tant, les a-mours
bi sont des a-mours d'en - fer!

1974

J'ai 8 ans, je suis un jeune louveteau. Après un bel après-midi passé au local mulhousien mis à notre disposition, des enfants courent sous le porche en attendant que l'on vienne les chercher. Deux ou trois d'entre eux se mettent à crier « Giscard, à la barre ! Giscard, à la barre ! ». Je ne sais ni qui est Giscard, ni à quoi peut servir cette barre qu'il détient.

Ce jour-là, parvient pour la première fois à mes oreilles, le bruissement d'une campagne électorale.

Il est probable que si, au lieu de m'inscrire chez les scouts, mes parents avaient choisi de me faire partager, avec d'autres enfants, les joies du comité « fleurs du monde contre gaz d'échappement »[27], les mômes auraient gueulé un autre slogan.

« Bois un peu d'eau, ce sera toujours ça de pris avant la pénurie ! »

… ou quelque chose comme ça.

Nos chefs[28] nous parlent de protection de la nature.

---

[27] Ne cherchez pas cette organisation, elle sort tout droit de mon imagination endormie.

[28] Un genre d'animateur chez les scouts

Est-ce dû à la présence, pour la première fois en France, d'un candidat écologiste à l'élection présidentielle ? Peut-être. Pourtant je n'ai jamais entendu aucun de mes copains crier :

« Dumont, au timon ! ».

D'ailleurs, au final, le gars René ne réunit autour de sa candidature qu'1,32% de votants.

La découverte et le respect de l'environnement faisant partie des valeurs fondatrices du scoutisme, il n'est pas jugé utile de nous parler de politique. On nous apprend donc à ne pas piétiner les fleurs, à ne pas casser les branches ou à ne pas tuer les abeilles et je dois dire, qu'en matière d'écologie, c'est plutôt une bonne entrée en matière.

A la maison, nous découvrons stupéfaits - et plus encore, depuis que mon père nous a ramené un téléviseur couleurs[29] - *l'Odyssée sous-marine de l'équipe Cousteau.*

---

[29] Pour les plus jeunes d'entre vous, il s'agit là d'un appareil lourd et volumineux, qui retransmet, au travers d'un minuscule écran, des émissions en direct ou en différé. Afin que vous puissiez vous en faire une très lointaine idée, sachez que l'objet le plus proche de celui-ci existant encore actuellement est, ce que vos parents regardent dans le salon et qu'ils appellent, la télé.

Jacques-Yves Cousteau est un ancien militaire un peu raide, qui s'est inventé le plus merveilleux des métiers, en choisissant de faire découvrir à ses congénères, la beauté du monde. C'est un homme extraordinaire qui côtoie des hommes[30] extraordinaires, chercheurs, penseurs, aventuriers ou artistes ; et même parfois, tout cela à la fois.

Il parcourt les mers et les océans de la planète à bord d'un dragueur de mines réformé de la Royal Navy qu'il a rebaptisé La Calypso. Il draine dans son sillage, un groupe de jeunes « flibustiers »[31] passionnés. Leur symbole de ralliement est le bonnet rouge des anciens bagnards toulonnais.

Tout ce petit monde pratique la plongée sous-marine et la recherche scientifique avec bonheur et enthousiasme. Ils utilisent des scooters de plongée, des scaphandres, des bathyscaphes et des hélicoptères. Ils nagent avec les dauphins, les mérous et les baleines et nous donnent à découvrir une myriade d'animaux tous plus fantastiques et plus singuliers les uns que les autres.

Mes yeux d'enfant papillonnent d'émerveillement.

---

[30] J'écris « hommes » et non « Hommes » parce qu'il faut bien le dire, il y a bien peu de femmes dans son entourage.

[31] J'utilise ce terme pour mettre en lumière la dimension aventurière de leur engagement. Tous ces jeunes gens ne sont bien entendu pas des pirates.

La maison, que mes parents ont récemment acquise aux abords d'un lotissement fraîchement sorti du sol, est située au sommet du village, à la proximité immédiate des champs, des vergers, des prairies et des forêts. Chaque année, la parcelle située en face de chez nous accueille de nouvelles plantations. Tantôt ces sont des blés, tantôt du maïs et d'autres fois encore du tournesol, de l'orge ou du colza. Tous les trois ou quatre ans, le lopin est planté de pommes de terres ou reste simplement en jachère, le paysan jugeant cette mesure salutaire pour ne pas épuiser sa terre.

Ce modèle de polyculture alternée, exempte par ailleurs d'OGM, est aujourd'hui inscrite dans mon esprit comme une approche vertueuse de l'agriculture.

Je ne serais pourtant pas étonné d'apprendre un jour, que j'ai été soumis, dans mon enfance, à tous les effets désastreux des pesticides ou herbicides de l'époque, et que le sol du champ dans lequel je jouais à l'automne était, en fait, saturé en engrais azotés ou phosphatés.

Alors que Giscard tente de s'accrocher à sa barre, les groupes d'activistes écologistes essayent eux, de se structurer. Certains de leurs représentants participent au mouvement de résistance civile initié par des paysans du Larzac, en réponse au projet de la spoliation annoncée de leurs terres au profit de l'armée. La démarche n'a qu'un lointain rapport avec l'écologie, mais elle est, pour quelques jeunes gens de cette obédience, l'occasion de vivre un baptême du feu.

Mais un autre combat mobilise ces organisations puisque, depuis quelque temps, l'état français leur propose un nouvel os à ronger ; les centrales nucléaires.

A quelques kilomètres de chez moi, la centrale de Fessenheim sort de terre et cela provoque, quelques années avant mon arrivée chez les louveteaux, la première manifestation anti-nucléaire de France. Depuis ce jour, une mobilisation citoyenne perdure.

Je pourrais continuer à vous raconter ce que j'ai perçu de l'écologie française à l'époque où j'étais mouflet, mais je sens bien que je vais finir par vous lasser.

Je pourrais aussi tenter de vous faire croire que je suis un militant acharné, engagé corps et âme dans la défense de ma planète. Et, ce serait là un immense mensonge.

D'ailleurs, là n'est pas mon propos.

Septembre 2016

La Chine et les USA ratifient l'accord de Paris sur le climat, qui vise à ralentir le réchauffement climatique en prévoyant que chaque pays signataire, réduise ses émissions de gaz à effet de serre. Certains prétendront que ce n'est qu'un accord a minima, tout juste un saut de puce pour retarder de quelques temps notre chute dans les enfers.

D'autres se lamenteront du fait que plusieurs états, ne parviendront à tenir leurs engagements, que par la mise en œuvre d'une politique atomique totalement décomplexée.

Je ne souhaite pas entrer dans ces débats.

Ce qui m'intéresse ici, c'est que deux des plus puissants pays du monde, mettent en avant leurs intentions écologiques. Intention ne vaut pas action et plan de communication n'est pas gage de sincérité, me direz-vous.

Assurément.

Mais qu'importe.

Ce que je veux mettre en lumière, c'est que les écologistes de mon enfance passaient, au mieux pour de doux rêveurs et au pire pour des délinquants immatures. Aujourd'hui, en revanche, toute force politique en exercice ou en course pour le pouvoir, se doit de faire connaître très clairement ses positions quant à la défense de l'environnement. Nous sommes de plus en plus nombreux à être attentifs à ne pas nous empoisonner avec ce que nous mangeons, ce que nous buvons ou ce que nous respirons et l'avenir de l'humanité est devenue une préoccupation des peuples. Les dirigeants du monde entier sont maintenant obligés de composer avec cette contrainte.

Nous pouvons donc affirmer, dans une certaine mesure, certes, qu'une poignée d'utopistes des années 70 a réussi à faire accepter ses points de vue à l'opinion publique mondiale en quelques décennies, c'est-à-dire dans un laps de temps largement inférieur à la durée de vie moyenne d'un individu.

Dans un monde aussi complexe et aussi verrouillé que celui dans lequel nous vivons, comment cela a-t 'il été possible ?

Et comment ancrer en profondeur des changements sociétaux bénéfiques à tous ? Autrement dit, comment lutter efficacement contre l'impuissance récurrente de l'action politique dont chacun est aujourd'hui intimement persuadé ?

Comment faire oublier cette croyance ? Voilà qui est intéressant !

Observons donc ce qu'il s'est passé dans le cas de l'écologie[32].

Au départ étaient les créateurs de rêve. Ils se nommaient Marco Polo, Robert Louis Stevenson, Jack London, Rudyard Kipling ou plus récemment, Théodore Monod. Ils ont transcendé pour nous, toute la beauté du monde et nous ont fait découvrir ce que nous ne voulions pas perdre.

---

[32] Très ignorant des cultures orientales ou africaines, je réduirai ici drastiquement mon champ d'analyse.

Par ailleurs sont arrivés les devins. Jonathan Swift, Jules Verne, Aldous Huxley, H.G. Wells, George Orwell étaient de ceux-là. Ils nous ont donné à visiter l'avenir, et mieux encore, les avenirs qui nous étaient promis.

D'autres nous ont aidé à comprendre ce qui nous paraissait ardu. Charles Darwin, Aroun Tazzief ou les Krafft[33], Alain Bombard, Henri Laborit, Hubert Reeves, Albert Jacquard ou Stephen Hawking par exemple.

Mais il y a surtout eu quelques aventuriers qui nous ont fait rêver : Charcot, Amundsen, Paul-Emile Victor, Jean-Louis Etienne ou Nicolas Vanier ; Roger Frison-Roche, Edmund Hilary, ou Reinhold Messner ; Antoine de Saint-Exupéry ou Claudie André-Deshays; Diane Fossey ; Jéromine Pasteur ; Jacques-Yves Cousteau ou plus simplement encore, Bernard Moitessier, Eric Tabarly et Ellen MacArthur.

Ceux que je viens de citer ici sont-ils tous des écologistes en puissance ? Je l'ignore mais c'est sans importance.

Ce qui compte, c'est qu'ils ont, avec beaucoup d'autres, contribué à l'émergence d'un corpus culturel commun qui nous a fait prendre conscience de la beauté, de l'unicité et de la fragilité du monde dans lequel nous vivons.

---

[33] Katia et Maurice Krafft qui habitaient, lorsque parfois ils rentraient chez eux, pas très loin de chez moi.

De mon point de vue, seule l'existence d'un tel corpus peut légitimer un engagement politique. Autrement dit, n'imaginez pas impulser des changements durables dans la société, si la nécessité de ces changements n'est pas, d'ores et déjà, profondément ancrée dans l'inconscient de vos congénères. Dans le cas contraire, le mieux que vous ayez à faire est de commencer à constituer votre propre corpus et à espérer que dans quelques siècles, quelqu'un découvre votre travail en retournant son jardin.

Je plaisante puisque, bien entendu, je ne sais pas si, dans l'avenir, les gens auront encore un jardin. En vérité, mon conseil serait alors, plutôt, d'acheter une carte de pêche ou d'apprendre à jouer au golf.

Si par-contre, le corpus culturel auquel vous aspirez, depuis maintenant deux ou trois paragraphes, existe bel et bien, ne vous sentez pas pour autant tirés d'affaire.

Avec quelques amis, il vous faudra, alors, identifier vos créateurs de rêves, vos promoteurs de la beauté. Ils vous permettront d'y voir clair sur ce qui compte à vos yeux et sur ce que vous ne souhaitez pas perdre.

Vous devrez ensuite reconnaître vos prospecteurs, vos spécialistes de l'anticipation, ceux qui vous parleront avec talent, clairvoyance et conviction de l'avenir de votre communauté. Sans eux, vous ne pourrez évidemment pas faire vos choix.

Enfin, il vous sera nécessaire d'identifier des facilitateurs, des vulgarisateurs, ceux qui rendront limpide les émulsions intellectuelles des chercheurs et des penseurs, ceux qui sauront vous traduire la complexité du monde.

Pour finir, vous devrez choisir vos champions et faire éclore vos aventuriers. Vous pourrez même envisager d'en faire partie.

Lesdits champions, tous abreuvés aux mêmes sources, entameront à ce stade un cycle exaltant d'expérimentation, d'émulation, de confrontation, de concurrence, de connivences et de créativité.

Mon ami Philippe appelle cette étape, la rigolution.

J'aime beaucoup ce néologisme et j'aime encore plus l'idée qu'un engagement politique ne puisse espérer aboutir à des résultats positifs et durables que s'il est fondé sur la rigolution[34].

Une fois la rigolution en action, donc, vous serez devenus légitimes pour débuter votre combat, pour initier vos luttes, pour favoriser l'activisme et, pourquoi pas, comme l'ont fait les écologistes en d'autres temps, pour créer des mouvements politisés. Le peuple ne vous suivra pas nécessairement mais il tolérera votre démarche.

---

[34] En réalité, une autre voie est possible, c'est celle de la révolution. Mais si vous avez lu le chapitre sur la démocratie, vous savez ce que j'en pense.

Si vous ne trahissez pas vos desseins initiaux, il est, néanmoins, fort peu probable que vous accédiez un jour au pouvoir. En revanche, vos premiers succès provoqueront forcément la panique au sein des autres formations politiques. Chacune d'entre-elles tentera alors de s'approprier vos diagnostics, de piller vos idées et de faire leur, vos propositions. Votre rôle se limitera ensuite à distribuer des certificats de moralité aux uns ou aux autres mais, peu importe, vous aurez gagné.

Chers pays de mon enfance ...

Chaque été, à bord de la 404 familiale, nous traversions la France, et plus encore, pour profiter des prodigieux paysages de nos côtes ou pour contempler, in situ, les splendeurs de nos contrées et les vestiges de notre Histoire.

A quatre et cinq ans, je découvrais ainsi l'Espagne, à six ans les alentours de Bayonne, mais je dois dire que je n'ai conservé de ces voyages que quelques images.

Au cours des deux années qui ont suivi, mes parents nous ont entraînés dans d'extraordinaires périples au travers de la Grèce.

Chaque soir, nous faisions escale dans un nouveau camping[35] et, avec deux adultes et cinq enfants, c'était déjà en soi une petite aventure. En journée, nous visitions ce pays magnifique, dont on m'a toujours dit qu'il était un important berceau de notre culture. Bien avant d'en entendre parler à l'école, je découvrais donc, jour après jour, les ruines d'une civilisation pas tout à fait éteinte mais aussi la fantastique mythologie née et magnifiée en ces lieux.

Ces souvenirs-là, en revanche, ne sont pas prêts de m'échapper.

Pour atteindre l'Acropole, Mikonos, Olympie ou le sud du Péloponnèse, il nous fallait parcourir quelques kilomètres. D'abord en France, puis en Suisse, en Italie et dans ce soi-disant pays que l'on appelait autrefois la Yougoslavie. Arrivés du côté de Thessalonique, mon père nous racontait pourquoi la mer que nous avions sous les yeux portait le nom du roi Egée.

C'était une histoire digne des pieds nickelés[36].

Thésée, le fils aimé du roi, était allé combattre le Minautore en Crète.

---

[35] Il est probable que nous soyons restés parfois sur le même site durant deux ou trois nuits

[36] Traduction pour les mômes : *digne d'un gag sur youtube*

Il avait convenu avec son père que s'il revenait victorieux, sa flotte rentrerait au port, voilée de blanc ; dans le cas contraire, les navires arboreraient des voilures noires. Le gamin s'en était bien sorti, mais, dans l'euphorie de sa victoire, il n'avait plus pensé à faire hisser les bonnes couleurs. Le vieux, croyant son fils mort, s'était suicidé en se jetant à l'eau, baptisant ainsi, bien malgré lui, la mer qui porte son nom.

Du haut de mes trois pommes, ce récit me paraissait hautement suspect.

Franchement, à quoi rimait ce code entre Thésée et son père ? Car même si les voiles étaient noires, c'était idiot de se donner la mort avant même d'avoir eu confirmation de la mauvaise nouvelle. D'ailleurs, les conditions de ce suicide me semblaient plus troubles encore puisque, pour un enfant de sept ans, quelqu'un qui se jette à l'eau depuis la rive ne peut être qualifié que de baigneur ; et certainement pas de suicidaire ! Il n'y avait donc pas là de quoi baptiser une mer.

La 404 de mon père[37], c'est un peu ma madeleine de Proust.

A son bord, une ou deux fois par an, nous partions rendre visite à mes grands-parents, mes oncles et tantes, mes cousines et mes cousins.

---

[37] Je crois bien qu'il y en a eu plusieurs ; au moins deux je pense.

A cette époque, il n'y avait pas d'autoroute entre Mulhouse et Lyon ; les nationales, majestueuses, étaient bordées de platanes, la vitesse était limitée à 100 km / heure, les pompes à essence étaient mécaniques et, la tête appuyée contre la vitre arrière, j'observais la course que se livraient, à chaque station-service, la roue des litres et la roue des francs. Ce n'était pas toujours la même qui gagnait. Voilà pour la version douce-heureuse de cette histoire !

Mais il existe une autre vérité à propos de la 404.

Dans cette seconde variante, j'étais systématiquement malade en voiture, les voyages étaient interminables, la climatisation n'existait pas, les superbes platanes, l'état des routes, l'absence de ceintures dans les automobiles et une plus grande permissivité quant à l'alcoolémie des conducteurs, provoquaient, chaque année, le décès de 16 à 17000 personnes en France. Mon père, qui était un homme extraordinaire mais dont la patience n'était pas la première vertu, devenait enragé dans les bouchons qui n'en finissaient pas. Nous n'osions piper mot mais nous souriions quand-même quelquefois puisqu'il avait ramené de nos séjours en Espagne, une insulte qu'il destinait aux chauffards qui partageaient avec nous l'enfer du voyage : « El Connardo ! »

A ces mêmes chauffards, il demandait aussi fréquemment s'ils avaient trouvé leur permis dans une pochette surprise.

D'emblée, je demande aux plus jeunes d'entre vous de m'excuser puisque je ne ferai pas l'effort d'essayer de vous expliquer ce qu'est une pochette surprise. Je ne vous expliquerai pas non plus ce qu'est une mercerie, une droguerie ou un maréchal-ferrant[38].

Il y en avait pourtant dans mon village.

Tout comme il y avait deux boulangeries, une boucherie, un médecin, un dentiste, un vendeur de cycles, une station-essence, plusieurs bars, une supérette, une poste, un tabac, un cordonnier, un vendeur de vêtements, un fleuriste, plusieurs fermes, des associations sportives et sociales en tous genres, tous les artisans imaginables, un étang de pêche, une école maternelle, deux écoles primaires. Tout ceci, et j'en oublie bien-sûr, pour une population de moins de 2000 habitants.

C'était mieux avant !

J'ai oublié de préciser que les deux écoles primaires étaient l'école des filles et l'école des garçons.

Finalement, ce n'était pas terrible avant !

On se côtoyait, on se connaissait, on se saluait, il y avait une certaine convivialité entre les gens.

Si, quand-même, c'était mieux avant !

---

[38] Et forgeron bien-sûr

Si vous n'alliez pas à la messe le dimanche, ce n'était pas très bien vu. D'ailleurs tout le monde savait tout sur tout le monde et ce qui n'était pas vraiment su pouvait malgré tout être colporté.

Oui… c'était pire avant !

En vérité, chacun fait de son histoire ce qu'il veut bien en faire.

C'est pourquoi j'ai toujours éprouvé une certaine réserve envers ceux qui justifient leur engagement en évoquant un eldorado disparu. De mon point de vue, la nostalgie est comme une brosse à dents. La partager, c'est un peu dégoûtant ou alors, cela nécessite un sacré degré d'intimité.

Et, comme nombre de mes congénères, je n'aime pas beaucoup que l'on s'en prenne à mon intimité.

Je crois donc fermement que ceux qui veulent nous faire revivre 68, ceux qui se réclament du Général de Gaulle, ceux qui s'émerveillent des extraordinaires capacités d'homme d'état de Bonaparte ou ceux qui aimeraient que la France retrouve le rayonnement qu'elle possédait à l'époque de Louis XIV sont, au mieux, des inutiles et, au pire, des nuisibles. Ils aimeraient nous convaincre de leur aptitude à nous ramener dans le passé, tout en feignant d'ignorer, d'une part que c'est impossible et, d'autre part, que LEUR passé nous est obscène.

La nostalgie des uns, ne devrait pas venir polluer la nostalgie des autres.

9 – Burkini

On s'en fout …

Parfois, alors que le matin m'atteint, je pressens que déjà, ma muse m'amuse.

Le nez levé au ciel, je regarde s'éloigner les oiseaux. Pourquoi, parmi celui de tous ces volatiles, ce vol a-t 'il plus d'importance ? Sans doute parce que, même lorsque la buse l'abuse, j'ai pour le geai un très grand intérêt. Mais j'apprécie aussi le corps beau du corbeau. Et quand, de son bec assassin, il fracasse la bécasse à Saint-Ouen, je ramasse la malheureuse victime et je l'assois dans la soie.

Te souviens-tu du temps où tant de fleurs affleurent ? Et quand au cœur du bois, le brocard, aux abois, aboie de tout son cœur, puis remonte en courant, le courant du ruisseau, pour resurgir plus loin, tout près du pré d'après ?

Quand, sous la pierre de taille, je détaille le taillis, je peux voir, par-dessous, venir le renard ; peut-être apparaît-il pour enrichir une part de souvenir.

Après avoir enduré flexions et contorsions, voire rendu réflexions et conclusions, je m'apprêtai à reprendre mon chemin.

Soudain, les chiens se rassemblèrent, au bord de l'étang, avant de repartir pour aller débusquer, mille rats, cent blaireaux bordelais, tant que le soleil rasant le leur permettait. Il a fallu, alors, que je rameute la meute pour éviter qu'au dessert, vidée, elle ne puisse retourner traquer des cervidés.

Pour des souris rebelles, je sais que ça te fait sourire, Belle, il vaudrait mieux utiliser le chat. Le chien, c'est pour la chasse à courre ; d'ailleurs ce que fait l'un, le félin le fait aussi, et nul ne peut ignorer, tu le sais mon amour, qu'un chat, ça court.

Demain, et puis le lendemain, te reverrai-je encore, t'immiscer dans la lande, maintes fois parcourue ? Reverrons-nous ensemble au milieu du torrent, les rares vairons nous encenser de leurs verts reflets ? Vers eux, flairant la belle aubaine, des truites élégantes, label au Benelux, de la pureté des eaux, parviendront-elles encore, sous les berges détruites, à se saouler de leurs effluves ?

Si souvent, j'ai craint que cet écrin de nature ne se dénature, et que la douceur de notre enfance, ne s'évapore dans la violence de notre époque.

J'aime le vent d'avant.

Assis sur mon canapé, j'assistais, amusé, à quelques échanges d'amabilités entre deux hommes d'exception.

- Nicolas : Bon, et ben le président normal, il va rentrer dans sa maison normale pour prendre une retraite normale et bien méritée !

- François : Oui, fais le malin ! Va donc plutôt pendre tes amis à des crochets de boucher … J'avais oublié, tu n'as plus d'amis ! Un ou deux juges d'instruction peut-être ?

- Parce que toi, tu en as des amis ? Tu n'as même plus de gonzesse. Tu t'imagines sans doute que j'ai trouvé la mienne en étant un type normal.

- Bien-sûr que j'ai une compagne. Je vais d'ailleurs aller la retrouver dès que possible. Mais il faut avouer que ton épouse est une belle réussite de ton quinquennat. La seule peut-être. Par contre je ne suis pas certain qu'elle soit du genre à fréquenter les parloirs.

- Parloir toi-même ! C'est toi qui m'a foutu tous ces juges au cul ! Viens-voir par ici Bibendum, je vais t'expliquer la vie moi ! On va voir si tu la ramènes encore quand je t'aurai fait bouffer ta cravate !

Le dialogue prenait une tournure plus animée. Intéressante, certes, mais j'ai préféré intervenir avant que l'échange ne dérape.

- M.F. Edmond : On peut s'expliquer sans nécessairement en venir aux mains.

- Nicolas : Qui c'est celui-là ? Il est venu prendre sa ration de pain aux phalanges ?

- François : Je ne sais pas. Je ne connais pas ce monsieur. Qui êtes-vous ?

- MFE : Je m'appelle Marc, je suis l'auteur.

- F : L'auteur ? Et vous êtes content de vous ?

- N : Laisse François, je vais m'occuper de lui ! Je me sens en forme.

- MFE : Mais Nicolas, ne le prenez pas comme ça.

- N : Nicolas ? Pour toi ce sera « Monsieur le Président ! »

- MFE : Bien monsieur le Président. Et pour vous ?

- F : Monsieur le Président sera très bien aussi.

- MFE : Normal …

- F : Qu'est-ce que vous dites ?

- MFE : Non, je …

- N : Dis-voir, petit malin, si c'est effectivement toi l'auteur de ce torchon, c'est toi qui a écrit le chapitre sur la démocratie.

- MFE : Oui, pourquoi ? J'ai fait une bêtise ?

- N : Tu l'as lu son truc, François ? Monsieur veut tous nous mettre au chômage.

- MFE : Je ne crois pas, non.

- F : Tu as raison Nicolas, j'ai lu le chapitre dont tu parles. C'est troublant cette façon de voir les choses. Les gens se croient toujours plus malins que leurs prédécesseurs.

- N : Je ne te le fais pas dire… Dis l'auteur, c'est moi qui n'ai pas tout compris ou tu voudrais que les citoyens votent les lois à la place des députés ?

- MFE : Oui c'est un peu l'idée.

- N : Et pourquoi pas les écrire pendant que tu y es !

- MFE : En effet, c'est une possibilité aussi.

- F : Vous n'êtes pas sérieux, monsieur … ?

- MFE : Edmond. Marc François Edmond. Je suis très sérieux.

- F : Votre idée est intéressante mais elle est d'une inconséquence sans nom. Les fondements de la démocratie française ne peuvent pas être remis en cause ainsi. On ne peut pas jouer les apprenti-sorciers avec nos institutions. Ce serait exposer le pays à des risques que vous ne soupçonnez même pas.

- N : Laisse François ! Tu ne vas quand-même pas t'abaisser à discuter avec ce mariol. Il n'a aucune idée de ce qu'il raconte. Avec un gars comme ça à la tête du pays, tu peux être sûr qu'on parlerait tous allemand ou russe à l'heure qu'il est.

- MFE : Mais qui parle d'être à la tête du pays, messieurs les Présidents ? Je demande juste que le peuple puisse exercer sa souveraineté. Mais je ne suis pas seul à demander ça.

- N : Le Peuple ... N'utilise pas des mots que tu ne comprends pas !

- F : Laisse-le aller au bout de son raisonnement, Nicolas. Quelle est votre idée, monsieur Edmond ? Un état en autogestion ? Vous voulez supprimer la présidence ? le gouvernement ? l'assemblée ?

- MFE : Non, rien de tout ça.

- F : Vous voudriez donc que le gouvernement soumette en temps réel ses options au peuple. C'est une ambition vertueuse mais je crains qu'elle ne soit pas très réaliste.

- MFE : Et pourquoi donc ?

- N : Parce que le peuple est une girouette que chacun peut orienter selon ses intérêts. Il n'y a rien de plus simple, crois-moi !

- F : Oui, d'ailleurs on a vu le résultat des primaires à droite.

- N : Toi, le retraité, tu ferais bien de la fermer ! D'ailleurs le peuple n'a rien à voir là-dedans. C'est les salopards du parti qui m'ont planté !

- MFE : Pourtant, il y a eu un vote.

- N : C'est bien ce que je te dis ! Tu peux les manipuler comme tu veux tous ces couillons ! La presse est vendue et les juges sont achetés. Je n'avais aucune chance.

- MFE : Je ne comprends pas. Vous défendez les institutions telles qu'elles sont ou vous les dénoncez.

- N : Bien-sûr que je les dénonce, mais ce que tu proposes est pire. Il faudrait se battre contre la calomnie pendant tout le quinquennat. Et puis tu crois sérieusement que les gens prendraient le temps de lire les projets de loi et d'aller voter. Il faudrait déjà qu'ils les comprennent.

- MFE : Parce que vous pensez que tous les députés prennent le temps de lire et de comprendre les projets de loi ?

- N : Oui, bon ... là tu marques un point.

- F : C'est vrai que ...

- N : En même temps, ce n'est pas ce qu'on leur demande. Ce qu'on veut c'est qu'ils soutiennent leur majorité. S'ils se mettaient à donner leur opinion à chaque fois, tout serait bloqué.

- F : Il n'y aurait aucune cohérence dans l'action du gouvernement.

- MFE : Pourquoi dites-vous cela ? Il faudrait, certes, vous expliquer au jour le jour sur votre politique mais vous y gagneriez en légitimité.

- N : Mais tu rêves mon garçon ! Il n'y aurait pas 1% de participation à tes scrutins.

- MFE : Très bien, l'assemblée se chargerait alors de représenter les 99% d'électeurs qui s'abstiennent.

- N : Et on y gagnerait quoi ?

- MFE : Je vous l'ai dit, la lé-gi-ti-mi-té !

- F : Mais nous sommes légitimes, nous sommes élus par le peuple au suffrage universel. J'ai moi-même recueilli 51,6% des suffrages face à Nicolas.

- N : Tu la vois celle-ci ? Tu vas finir par la prendre !

- MFE : 18 millions de voix sur 46 millions d'inscrits, pour moi ça ne fait jamais qu'un peu moins de 40%.

- F : Je ne peux quand-même pas obliger les gens à aller voter !

- MFE : Non, mais là, vous finissez votre mandat à 16% de popularité. Avouez qu'il y a un problème.

- F : Pas du tout, je suis presque à 30%.

- N : Forcément, depuis que tu as dit que tu ne te représentais plus, les gens t'aiment bien !

- F : Alors là, c'est petit ! Tu veux que je te rappelle tes scores de 2012 ?

- MFE : Vous savez, 15, 20, 30 ou même 40%, ça ne fait pas une majorité et encore moins une légitimité.

- N : Je ne comprends rien à ton histoire de légitimité. En quoi 1% du peuple qui voterait mes lois me rendrait plus légitime ?

- MFE : Mais bien-sûr que ça vous rendrait plus légitimes. Comment voulez-vous que les gens vous reprochent de mettre en œuvre des lois sur lesquelles ils ont un droit de regard ?

- F : Vous connaissez bien mal les électeurs …

- MFE : Et puis on parle de 1%, mais sur un sujet stimulant ce serait peut-être 2, 5, 10 voire 15%. Imaginez ! Vous pourriez même faire voter des lois contre votre propre majorité.

- N : Qu'est-ce que tu dis là ? Tu veux dire que je pourrais gouverner sans l'aval de tous ces traitres, planteurs de couteaux dans le dos ?

- F : Vous pourriez préciser votre propos ?

- N : Dis-voir Marc, tu connais le Cap Nègre ? Qu'est-ce que tu fais la semaine prochaine ? Je ne dis pas que ton idée m'intéresse mais on pourrait peut-être en discuter ? Tu crois que c'est porteur auprès des électeurs ? Ça pourrait faire une trame pour 2022, qu'est-ce que tu en penses ?

- F : Monsieur Edmond, revenez ! Ne vous laissez pas embobiner ! Il ne voulait même pas vous écouter tout à l'heure …

18 décembre 2016

Dans une semaine, ce sera Noël.

Comme chaque année, je retrouverai, à cette occasion, mes sœurs, mes frères, leurs conjoints, leurs enfants, les conjoints de leurs enfants et leurs petits-enfants.

Comme chaque année, nous prendrons plaisir à nous revoir.

Comme chaque année, nous nous quitterons avec la sensation étrange de n'avoir pas eu le temps de nous dire grand-chose.

Comme chaque année, à la Saint Etienne, je recevrai la famille de ma compagne.

Et cette année, il manquera une personne autour de la table.

C'est triste mais cela arrive, certaines années.

Une semaine plus tard viendra la nouvelle année.

Comme chaque année.

Et puis nous retournerons au travail.

Comme chaque année.

Eh bien non, pas tout à fait comme chaque année, puisque, cette année, mon employeur a décidé d'innover et de me faire cadeau de mon solde de tous comptes. Sans doute a-t 'il pensé que ce serait une chouette occasion pour fêter mes quinze années d'ancienneté.

Pour être honnête, ce n'est pas vraiment une surprise puisque mon poste est menacé depuis maintenant quelques temps. Il y un an et demi, j'avais d'ailleurs entrepris l'écriture d'un roman qui débutait ainsi.

Les effets de la fatigue

Connaissez-vous Galapian ?

Pour vous y rendre, rejoignez Bourran ou Sainte Radegonde, puis, égarez-vous vers le sud-est.

Longtemps, avec mon Jeacar, nous avons laissé sur le bord de la route, ce panneau indicateur qui nous faisait sourire. A cette époque, nous nous retrouvions chaque semaine à l'aéroport de Mérignac pour aller travailler. Je débarquais vers huit heures du matin et je rejoignais mon collègue sur le parking pour monter dans la voiture de location qu'il avait réservée.

Débutait alors un road trip de deux petites heures.

Les effets conjugués d'une courte nuit et d'un voyage fatiguant ne provoquent pas systématiquement, tout au moins chez les garçons, d'accroissement flagrant du niveau général des conversations de ceux qui y sont soumis. C'est sans doute ce qui explique le rituel tragicomique qui, à chaque apparition du panneau « Galapian 6 km », débutait dans notre habitacle. Et c'est au cours de l'une de ces célébrations que j'ai décidé que mon prochain roman allait s'intituler

« Du brun sur Galapian »

Même si ce n'était à l'époque qu'une boutade, la musicalité de ce titre m'amusait et j'ai fini par y céder. Et puis,

« Sainte Radegonde », « Bourran », « Galapian »

Que de poésie dans le nom de ces lieux ! Ça vaut bien « la terre du milieu » de John Tolkien, la « lande du réverbère » de Clive Lewis ou « l'Hogwarts School » de Joanne Rowling.

Il est vrai que j'aurais pu choisir un titre plus élégant ; « Sur la route de Galapian » par exemple ; ou plus dardesque; « Du pruneau sur Galapian » ; ça aurait été assez juste d'ailleurs[39].

Mais j'en suis finalement resté à ma première inspiration.

Un jour, nous avons appris que la société qui nous employait allait se séparer d'une grande partie de son personnel. Le soir de notre retour sur Mérignac, nous avons pris conscience que nous n'irions peut-être jamais à Galapian. Alors, arrivés à Bourran, nous avons bifurqué sur la gauche et nous sommes allés furtivement découvrir ce village. Puis, nous avons poursuivi notre chemin, satisfaits de notre décision. Mais arrivés sur le périphérique Bordelais, nous nous sommes trouvés coincés dans un embouteillage plus conséquent qu'à l'habitude. Tant et si bien que mon Jeacar a failli manquer le départ de son avion.

Pourtant, si vous lui posez la question aujourd'hui, je suis certain qu'il vous dira ne pas regretter d'avoir fait ce détour.

Car maintenant, contrairement à nombre d'entre vous, il connait Galapian !

---

[39] Le village est situé en France, à proximité d'Agen, en plein cœur du pays de production de la prune d'Ente

J'ai coutume de dire que je suis athée. Cela reflète assez justement mon ressenti vis-à-vis de toute croyance.

- Très bien cher monsieur Edmond. Mais n'est-ce pas là un point de vue un peu simpliste tout de même ?

Mes parents étaient, croyants, pratiquants et engagés dans divers mouvements catholiques ou œcuméniques. Leur foi les éclairait, je pense, sur la façon de conduire leur vie. C'était pour eux une grande chance.

Enfant, je les accompagnais chaque dimanche matin dans cet étrange rituel qu'est la messe dominicale. J'écoutais et j'observais ; et je sentais bien que dans l'assemblée, tout le monde n'avait pas été touché par la grâce.

Au catéchisme, on nous parlait du bien, du mal, de l'amour ou du respect de son prochain. On nous racontait l'histoire de Jésus qui, malgré sa propension à « dynamiter » les traditions trop établies[40], était vraiment un type bien. Les valeurs évoquées au cours de ces séances avaient, pour la plupart, toujours fait partie de mon éducation.

---

[40] En vérité ce côté dynamiteur me plaisait bien

Je ne comprenais donc pas en quoi elles étaient liées à la pratique d'un culte et encore moins à la foi en un Dieu.

D'autant qu'ayant grandi en Alsace, j'avais aussi bénéficié, à l'école primaire, d'une autre forme d'enseignement religieux[41]. Celle-ci était un peu plus basique puisque, dans les grandes lignes, elle nous expliquait qu'il fallait avant tout croire en Dieu pour échapper au diable et aux flammes de l'enfer. Pour que tout se passe sans encombre, mieux valait pour nous, bien choisir notre camp dès le départ.

Humanisme et obscurantisme dans une même maison, voilà qui me semblait suspect !

Je ne comprenais pas non plus très bien le sens des prières qu'on nous incitait à adresser à notre créateur. Elles me semblaient relever d'un égocentrisme peu compatible avec la « parole du Christ ».

Les miracles aussi me posaient problème.

Très jeune, j'avais perçu la portée symbolique de ces évocations, mais très jeune aussi, j'ai su que l'église ne transigerait jamais sur leur dimension surnaturelle. Comme si cette dernière était nécessaire pour justifier de l'existence de Dieu.

D'autres choses encore me perturbaient.

---

[41] En Alsace et en Moselle l'enseignement religieux est obligatoire à l'école

L'inquisition, les croisades, l'entrée des nantis au Paradis à grand renfort de deniers, l'évangélisation des peuples à marche forcée ...

C'est pourquoi, jeune adolescent, j'ai cessé de fréquenter les églises et j'ai refusé de faire ma confirmation. Mes parents ont avalé cette couleuvre comme ils ont pu mais ils ont respecté ma décision. Comme moi, certains de mes copains n'y entendaient pas grand-chose au fait religieux. Mais, inondés de cadeaux à l'occasion de leur profession de foi, ils n'auraient, pour rien au monde, renoncé à cette cérémonie. Ceux-là, se sont probablement échappés sur la pointe des pieds quelques années plus tard.

Un temps, j'ai pensé être simplement en désaccord avec l'église mais en vieillissant, j'ai compris que je n'avais tout simplement pas la foi.

Les choses auraient pu en rester là.

Mais voilà, le temps m'a ramené dans les églises ; quelquefois pour m'y faire assister à des mariages mais plus souvent encore pour m'y faire participer à des enterrements.

À chaque fois que cela s'est produit, j'ai eu la sensation d'être de retour dans un foyer duquel je m'étais enfui il y a longtemps. J'y retrouvais des lieux familiers, des discours chargés de morale qui me crispaient un peu, mais aussi des choses qui, durant ma cavale, m'avaient manquées plus que je ne l'aurais pensé.

- L'importance des rituels qui nous aident à accepter le temps qui s'écoule et la vie qui passe,

- La communion d'un groupe autour d'un nouveau venu, autour d'un couple en devenir ou autour de personnes émues, désorientées ou dévastées par la disparition d'un proche,

- L'écoute de la parole des autres, qui nous donne à réfléchir à notre propre trajectoire et qui nous incite, aussi, à porter plus souvent attention à ceux qu'on aime.

Tout ceci, il est bien entendu possible de le trouver ailleurs que dans les rituels chrétiens; dans des démarches ésotériques, dans des expériences chamaniques, dans des cérémonies citoyennes, dans des engagements associatifs, dans la pratique d'autres religions, par exemple.

Mais pourquoi irais-je fréquenter d'autres églises ? Au mieux, y retrouverais-je à la fois la même chaleur et les mêmes agacements. Ce serait idiot. Peut-être y ferais-je l'économie d'un Dieu que je n'entends pas, mais à quoi bon ?

D'ailleurs ce Dieu, ce n'est parce que je me dis athée que je doute de son existence. Je n'aurais pas la prétention d'aller à l'encontre de tous ces gens qui y croient.

Beaucoup d'entre-eux associent leur foi à l'espérance ou à la certitude d'une vie éternelle. Pour ma part, je ne me soucie pas de savoir s'il y a une vie après la mort puisque la réponse coule de source.

Lorsque j'aurai quitté ce monde, la vie continuera bien sûr sans moi ; et parmi tous les êtres qui me subsisteront, il y aura probablement mes enfants, quelques-uns de mes proches et de mes amis ; il y aura même des gens qui m'ont été indifférents ou antipathiques ; il y aura aussi des organismes qui se sont nourris de mon existence et d'autres qui profiteront de ma disparition. Mon passage sur terre aura contribué à une vie que l'on aimerait éternelle et c'est bien comme cela.

Tout ceci pour dire que si une question métaphysique devait vraiment venir hanter mon esprit, ce serait plutôt celle que nous pose Pierre Rabhi[42] :

« Y-a-t-il une vie avant la mort ? »

---

[42] TedX Paris 2011

Vendée, 2 mars 2017

Je suis en déplacement avec deux collègues et, en compagnie des quatre personnes qui nous ont reçus dans la matinée, nous déjeunons dans un restaurant. Dans moins de deux mois se tiendra le premier tour des élections présidentielles ; le sujet finit par s'inviter dans les discussions.

Autour de la table, chacun sait que la bienséance nous commande de modérer nos propos et d'éviter, autant que possible, de faire part de nos intentions de vote respectives. Notre relation est professionnelle ; nous sommes tous ensemble, engagés dans un projet à long terme et, même si l'apéritif a déjà eu lieu, même si le repas a été raisonnablement arrosé, il serait stupide de mettre en péril la qualité de nos relations sur des divergences d'opinions, totalement extérieures à nos objectifs communs. Toutefois, nous sommes unanimes pour faire part de notre désarroi devant l'offre politique qui nous est proposée.

Vers la fin du repas, un couple de personnes que je suppose retraitées, se dirige vers notre table et nous interpelle collectivement. Ils nous disent avoir surpris notre conversation et nous font part de tout le bien qu'ils pensent de François Fillon, candidat officiel de l'UMP à l'élection pour la présidence de la République. Ils nous invitent même à rejoindre la manifestation de soutien à leur champion, qui doit se tenir à Paris le dimanche à venir.

Il faut dire que, par les temps qui courent, François en a vraiment besoin, de soutien populaire. Depuis plusieurs semaines, il est empêtré dans des soupçons d'emploi fictifs au profit de son épouse Pénélope.

Lorsqu'il était député il a rémunéré celle-ci en qualité d'assistante parlementaire. La presse, qui doute de la réalité de cet emploi, prétend aussi que madame Fillon a copieusement été rémunérée par une maison d'édition pour des réalisations dont il ne subsiste aucune trace. Au fil des jours, les révélations s'accumulent et les suspicions se font de plus en plus pressantes.

La pression populaire est énorme, en particulier sur les élus UMP, sommés quotidiennement, par leurs administrés, de s'expliquer sur leur soutien à leur leader. Alors, lorsque François se prend les pieds dans le tapis sur sa ligne de défense, lorsqu'il promet de se retirer s'il est mis en examen pour immédiatement se dédire quand il lui apparaît qu'il ne pourra pas se substituer aux juges, c'est la bérézina. En quelques jours, les défections s'accumulent au point même de décimer son équipe rapprochée. Près de 250 de ses supposés soutiens se désolidarisent de leur candidat.

En réalité, tout cela n'est qu'une grande hypocrisie.

Parmi les élus qui lâchent Fillon, il est vraisemblable que certains aient des mœurs semblables à celles de leur patron, quant à l'utilisation de l'argent publique.

Il est aussi probable, que les informations révélées par la presse n'aient pas, pour la plupart d'entre eux, été une découverte.

Pire, il est fort possible que ladite presse ait eu connaissance d'éléments publiés récemment depuis de nombreuses années.

Enfin, pour être totalement objectif, il faut admettre aussi que nous autres, potentiels électeurs, ne sommes pas vraiment surpris de ce qui nous est présenté. Nous nous doutons tous de telles pratiques chez nos élus mais nous ne demandons d'explications que lorsque des agents médiatiques nous commandent de le faire.

Ces préalables énoncés, personne ne peut toutefois nier que c'est bien la voix du peuple qui se lève pour réclamer la tête du candidat Fillon. Le quatrième pouvoir assume pleinement son rôle en exposant, publiquement, des faits qui seraient restés enfouis si des journalistes n'avaient pas décidé de les publier.

Vive la démocratie !

Oui mais …

Oui mais monsieur Fillon, en remportant les élections primaires de la droite est devenu officiellement le patron de l'UMP. A ce titre, il détient le pouvoir de délivrer les investitures du parti pour les élections législatives qui se tiendront au lendemain des présidentielles.

Il est même en capacité de négocier un accord électoral avec l'UDI, parti sympathisant qui menace lui aussi de le lâcher. En résumé, qu'il gagne ou qu'il perde, il est en mesure de choisir qui seront les députés de la droite pour la mandature à venir. C'est pourquoi, quelques semaines seulement après l'exode de ses alliés, suite à la réunion du bureau politique de l'UMP[43], la plupart des mutins ont rejoint le navire, tête basse et queue entre les jambes.

Et vogue la galère !

Le Peuple a parlé ...

---

[43] À laquelle il ne s'est même pas donné la peine de participer

Je viens d'achever la lecture de *Promenades en bord de mer et étonnements heureux* d'Olivier de Kersauson.

Heureux étonnement en effet !

J'aime ce que raconte cet Homme. J'aime comme il le raconte.

J'aime sa passion pour la nature, même si j'ai rarement le courage de me confronter à celle-ci aussi frontalement qu'il le fait.

J'aime ce qu'il dit de lui.

Est-ce que j'aimerais le côtoyer ?

Je ne le crois pas.

Car s'il est facile d'aimer les gens faciles, il est plus difficile d'aimer les gens difficiles.

Et plus dur encore, d'aimer les durs.

Je vais continuer à le lire, c'est bien comme ça.

Vendredi, 21 avril 2017

Dans deux jours aura lieu le premier tour de l'élection présidentielle française. Je fais partie de ces électeurs qui, à l'heure qu'il est, ne savent pas encore pour qui ils vont voter.

Onze candidats sont en compétition :

- Une espèce de comptable[44] qui rêve de faire de la France un pays low-cost en paupérisant sa population pour attirer les investisseurs avides de salaires sans charges et d'ouvriers plus souples que les plus laxes acrobates du cirque du soleil.

- Un garçon sympathique, lâché par ses « amis » brigands, qui propose au peuple des mesures tellement innovantes[45] qu'il ne les a jamais demandées.

---

[44] Mille excuses à la profession qui est ici victime d'infâmes raccourcis dont je me sais indigne. Mais c'est l'effet canapé, vous connaissez l'histoire …

[45] Le revenu universel est une idée qui nous vient du siècle des lumières ; moi qui n'en suis pas une, je n'en ai entendu parler, pour la première fois, qu'il y a une trentaine d'années.

- Une femme, probablement intelligente, mais qui pourtant suggère que nous rejoignons tous la « panic room », que nous sortions les perturbateurs et que nous nous barricadions bien hermétiquement dans un espace tellement propret que le monde entier nous l'enviera.

- Un jeune homme bienveillant, qui ferait volontiers lui aussi comme l'aut' comptable[46], mais de façon plus moderne et plus polie. Son credo ? Renouveler la vie politique. Sa recette ? Eradiquer les vieux partis, disqualifiés par leur incompétence, puis en reconstruire un nouveau, bâti sur le même modèle défaillant.

- Un artiste ! Un vieux briscard qui a tellement bossé son sujet que, comparé aux autres, on pourrait presque penser qu'il a des idées. Le souci, c'est qu'il aime tellement la baston qu'il nous la garantit pour les années à venir. Et quand je lis qu'il veut étendre la scolarité obligatoire de 3 à 18 ans, je me dis que nous ne sommes pas tout à fait de la même famille de pensée …

- Un brave homme qui aime s'écouter parler et qui a fait l'effort d'aller rencontrer les gens sur les routes de France et d'ailleurs. Ecouter les gens, c'est important et ce n'est pas donné à tout le monde mais ça ne fait pas un projet.

---

[46] Mille et une excuses …

- Une femme indignée, qui veut faire entendre la voix des travailleurs. Je la comprends, il y a de quoi s'indigner ! Mais j'ai du mal avec l'idée des bons opprimés contre les méchants oppresseurs. Enfin, en tous les cas, je n'aimerais pas être celui qui sera chargé du décompte lorsqu'il faudra faire le tri.

- Un ouvrier qui veut fraterniser avec tout le monde, sauf avec ceux qui ne sont pas de son monde. Ceux-là seront envoyés en vacances chez les réducteurs de têtes. Autant dire qu'avec son projet les marchands de chapeau ne vont pas faire fortune !

- Un homme qui, depuis longtemps, est si certain que les français sont supérieurs[47], qu'il veut les libérer du joug des autres pays européens qui eux, c'est bien connu, sont principalement peuplés de buses.

- D'ailleurs, ils sont deux à faire cette analyse ; c'est probablement la preuve que notre réputation de supériorité n'est pas usurpée.

- Et puis il y a un petit dernier, qui tente sa chance depuis plus de vingt ans et qui depuis plus de vingt ans, n'arrive pas à se faire entendre. Il faut parler plus fort mon ami !

---

[47] Un gène sans doute

Mon fils aîné et ma fille votent pour la première fois cette année.

Bonne chance les enfants !

« Qu'est-ce que tu dis ? Parle moins fort ! Je ne t'entends pas … »

« Qu'est-ce que tu dis ? Parle moins fort ! Je ne t'entends pas … »

Chacun d'entre nous, c'est étrange, est soumis à l'impérieuse nécessité, de reconnaître ses congénères, ses concitoyens ou ses confrères. Mais chacun, surtout, se doit d'être en mesure d'identifier qui est exclu de cette bande de « cons ». C'est un réflexe animal et il est difficile d'y échapper.

Ainsi, celui qui revêt son maillot rouge pour aller au stade se prépare-t-il à haïr celui qui portera un maillot vert. C'est idiot mais ça le rassure.

Ainsi encore, celui qui retire son slip au camping se méfie-t-il immédiatement des « textiles », coincés, voyeurs et le plus souvent, c'est notable, les deux à la fois ?

C'est étonnant mais l'être humain est programmé ainsi.

Trop faible pour affronter le monde tout seul, il se trouve en grand danger lorsqu'il est isolé. Il est d'ailleurs, dans cette circonstance, d'une prudence extrême. On pourrait alors lui prêter une certaine lâcheté mais cela n'a pas de sens de qualifier de lâche, un individu esseulé. Le lâche n'est pas celui qui fuit le danger mais celui qui, pour préserver sa propre intégrité, refuse de défendre un groupe auquel il appartient.

Dans le règne animal, de nombreuses espèces doivent leur subsistance à leur organisation grégaire.

Le groupe s'organise pour se nourrir, pour se prémunir des intempéries, pour se défendre ou pour se reproduire. Ce modèle garantit la survie d'un nombre important d'individus, forts ou faibles, et c'est là que réside le secret de sa réussite.

Pour acter ses choix et pour coordonner ses actions, le groupe a besoin de ce que les anglo-saxons appellent des leaders[48]. Le leader est un individu dont l'assurance laisse à penser aux autres membres du groupe qu'il pourrait avoir raison. Pour de nombreuses espèces, celui qui mène le groupe est l'individu le plus fort physiquement. Il règne sur l'assemblée pendant un temps puis disparaît, chassé ou tué par plus fort que lui.

Chez l'Homme, le leader est l'individu qui justifie qu'une marmite de goudron mijote sur le feu pendant qu'un tas de plumes est conservé au sec.

Dans un groupe humain, le chef ne peut conserver son statut que par une habile et permanente négociation avec d'autres membres influents de la confrérie. C'est ainsi qu'il se protège du reste de sa tribu.

La tribu, elle, ne tolère le leadership d'un individu ou d'une oligarchie, que lorsqu'elle se porte bien.

---

[48] Les allemands appellent cela des « Führer » mais depuis quelques temps, le terme n'est plus guère utilisé

Et elle ne se porte bien que lorsque chacun peut se nourrir, se protéger des intempéries, se sentir en sécurité et se reproduire dans de bonnes conditions.

Mais quand la tribu souffre, quatre tendances se font jour.

- Honfrrrr, exige plus d'égalité, de solidarité et de justice pour chacun. Il veut que les plus forts portent assistance aux plus faibles. Il propose aussi que les chefs et sympathisants soient démembrés avant que leurs restes ne soient distribués à parts égales.

- Gurduk pense au contraire que chacun se débrouillerait bien mieux s'il ne s'occupait que de lui-même et de ses proches. Il réclame un accroissement de l'autonomie individuelle et affirme que cette orientation conférerait au groupe une mobilité salvatrice. Il est d'accord avec la proposition de Honfrrrr sur le démembrement des leaders, bien qu'il pense que leurs restes doivent avant tout revenir à ceux qui sauront y accéder.

- Naaâa soutient que les malheurs de la tribu proviennent avant tout de sa porosité. Elle dit que l'arrivée massive de nouveaux arrivants a provoqué la raréfaction des ressources et perturbé les équilibres sociaux. Elle prétend que l'expulsion des derniers arrivés et la remise à neuf des clôtures dégradées autour du village réglera l'essentiel des problèmes.

Elle aussi adhère à l'idée de démembrer les chefs actuels mais elle propose, en plus, de les faire cuire à petit feu au préalable.

- Xxxxxxissh dit que la tribu ne pourra pas s'en sortir toute seule. Pour lui, elle doit absolument s'allier avec d'autres groupes pour subsister, quitte à accepter temporairement les règles d'une famille plus puissante. Xxxxxxissh trouve que la proposition de démembrer les leaders n'est pas incompatible avec son projet.

Ce matin, 7 mai 2017, j'ai voté pour le second tour de l'élection présidentielle.

Ça sentait le goudron et il y avait quelques plumes qui volaient dans l'isoloir !

19 – Economie

L'économie, voilà un domaine auquel je ne n'entends rien !

Afin que vous puissiez mesurer l'étendue de mon ignorance, je vais vous en parler un peu.

J'ai commencé à travailler en 1991, il y a un peu plus de 25 ans. Depuis cette époque, et en réalité depuis bien plus longtemps encore, j'entends parler de déclin de l'économie française, de déficit budgétaire, d'endettement et surtout d'accroissement de la pauvreté.

Je ne crois pas disposer des connaissances suffisantes pour mesurer la véracité de ces assertions.

Le produit intérieur brut annuel français qui, si je l'ai bien compris, mesure la richesse générée par le pays chaque année, a *semble-t-il* doublé depuis mon arrivée sur le marché du travail. J'écris *semble-t-il* parce qu'un économiste, un analyste, un journaliste, un artiste ou un touriste, qui évoque ce type d'indicateur vous expliquera toujours, dans le même temps, qu'il faut relativiser les chiffres qu'il vous donne en référence.

La mesure existe mais elle ne veut rien dire.

C'est ainsi …

Toujours est-il que, dans mon esprit simpliste, s'est installé l'idée qu'à mesure que le pays fabrique plus de richesses, les gens se précarisent.

Etrange ...

Le ressenti populaire est que les riches ne cessent de s'enrichir et que les pauvres ne cessent de s'appauvrir.

Mais qui sont les riches et qui sont les pauvres ?

Quand j'étais enfant, le médecin faisait partie des quelques notables de mon village. Sa propriété était l'une des plus grande et il était l'une des rares personnes à disposer d'une piscine. Etait-ce un riche ? Probablement ; mais pas au sens où on l'entend aujourd'hui.

Ce riche-là, de par son métier, connaissait à peu près tout le monde et sa piscine, certains jours, avait des allures de piscine municipale. Ce riche-là aussi, se ruinait la santé au travail.

Qui pourrait prétendre que les médecins généralistes français d'aujourd'hui sont plus riches que ceux d'il y a quarante ans ?

Personne.

Il y aurait donc aussi des « riches » qui se précariseraient.

Je le répète, je n'y comprends rien.

Depuis que je suis en âge de m'y intéresser, je constate que l'action engagée par nos responsables politiques est presque exclusivement tournée vers l'idée de réduire les dépenses de fonctionnement du pays.

Pourquoi pas.

Veiller à ne pas gaspiller l'argent de la collectivité est une vertueuse ambition. Mais est-ce une stratégie économique ? Une entreprise, par exemple, doit-elle faire porter ses efforts sur l'Euro supplémentaire qu'elle pense pouvoir gagner ou sur celui qu'elle pense pouvoir économiser ? J'en ai visité de nombreuses au cours de ma vie professionnelle et toutes celles que j'ai vu s'engager dans des processus de réduction drastique de leurs charges ont fini par disparaître.

C'est normal, quand on est mort, on ne gagne plus rien, on ne perd plus rien et les comptes sont équilibrés. Amen !

Notre pays est en déficit budgétaire. Soit !

Mais comme je ne souhaite pas qu'il disparaisse, j'ai, dans ma grande naïveté, l'intuition qu'il faut que nous cessions de nous concentrer sur la seule réduction de nos déficits pour diriger aussi notre énergie vers des stratégies qui contribueront à l'augmentation de nos revenus.

Facile à dire ! Je le sais …

Et pourtant.

Est-ce si compliqué de vouloir créer de la richesse ?

Et est-ce si compliqué de vouloir que les gains engrangés profitent à la communauté qui est à la source de la richesse créée ?

…

Oui, c'est bien cela.

Ce qui est compliqué, c'est de vouloir.

20 – José

Avez-vous déjà rencontré un socialiste français ?

Je ne vous parle pas d'un électeur.

Pas plus que d'un élu d'ailleurs.

Je n'évoque pas non plus, un militant social-démocrate.

Non, rien de tout cela.

Je vous parle d'un socialiste ! Un vrai, tendance SFIO[49]. Un qui bouffe du curé, qui défend l'école de Jules Ferry, qui écoute Jean Ferrat. Un qui évoque avec conviction les valeurs de la République et qui, surtout, cherche à les mettre en pratique ![50]

Moi j'en ai connu un.

Je dirais même que je n'en ai connu qu'un.

Il s'appelait José et il était mon professeur de français au collège. C'était un petit homme à la voix chaude et la moustache drue. Il portait l'une et l'autre avec fierté et avec assurance.

---

[49] Pour les plus jeunes, allez donc voir sur l'internet si vous ne comprenez pas de quoi je parle. Je ne vais pas faire tout le boulot pour vous non plus !

[50] Pour ceux qui les auraient oubliées, allez faire un saut à la mairie. En principe, c'est écrit dessus.

D'aucuns diraient que c'était un original dont la coquetterie était de se faire tutoyer par ses élèves. Pour moi, c'était simplement un enseignant qui exerçait son métier avec cœur et, bien souvent, avec talent. Il avait compris une chose essentielle dans ce métier, c'est qu'il n'est possible de transmettre ou de se nourrir d'un savoir que dans un climat de confiance et de respect. Pour obtenir la considération de ses élèves, il s'appuyait sur son indéniable charisme, comme le font tous les professeurs et tous les conférenciers un peu aguerris.

Mais il ne s'en tenait pas là.

Sa botte secrète était de nous accorder autant d'attention qu'il en exigeait de nous. Et quand je dis « nous », je n'évoque pas le groupe que nous constituions mais je parle de chaque jeune fille et de chaque jeune garçon de notre classe.

Il nous parlait aussi de lui, de ses valeurs, de son village qu'il qualifiait de principauté[51], de sa foi dans le citoyen, dans notre République ou dans notre démocratie dont il soulignait aussi les faiblesses. Il commentait, avec nous, l'actualité et essayait de nous éclairer sur les réalités du monde dans lequel nous vivions. Il nous parlait bien-sûr, enfin, de son amour des mots et des textes qu'il nous incitait à lire.

---

[51] A son sourire, nous devinions assez facilement qui en était le prince

Sa recette était, somme toute, assez simple. Capter notre attention par l'émotion avant de s'adresser à notre intelligence.

Du respect.

Du plaisir et du respect.

Le 9 mars 1981, José nous a emmenés au ski, dans la station de Méribel, comme il le faisait chaque année avec une classe de 3ème. Ce jour-là a été très particulier dans ma vie puisque c'est celui où, ma compagne et moi, avons décidé de lier nos destins.

L'histoire n'était pas anodine puisqu'elle se poursuit depuis 36 ans.

José, à l'époque, a sans doute dû s'en inquiéter. Partir en montagne avec un groupe de 25 jeunes, c'est beaucoup de responsabilités pour un seul Homme. Mais quand deux d'entre eux ont les hormones en ébullition, ça ne doit pas nécessairement pousser à la sérénité.

Lui, a géré cela très simplement.

Il a évoqué la situation avec nous, les yeux dans les yeux. Une simple discussion entre un homme de 35 ans, une jeune fille de 14 ans et un garçon de 15 ans. Après cela, tout s'est déroulé sans encombre.

A la fin de l'année, il a apposé la remarque suivante sur mon bulletin : « Maturité intéressante ! ». J'imagine l'agacement des enseignants qui ont découvert celle-ci pendant le conseil de classe.

Ils n'ont pas dû comprendre. Mes parents non plus, n'ont pas très bien compris cette appréciation, mais ils s'en sont amusés. De mon côté, je savais parfaitement que ces mots m'étaient directement adressés.

Du respect, rien que du respect ...

Quelques semaines après notre retour des Alpes, François Mitterrand a été élu président de la République. José était aux anges. Comme il ne faisait pas mystère de ses opinions, certains élèves lui avaient offert une rose au lendemain de l'élection. Je ne me souvenais pas vraiment de cet épisode mais ma compagne me l'a rappelé récemment.

Ce dont je me souviens en revanche, c'est que, dans les jours qui ont suivi, un homme a tenté d'assassiner Jean-Paul II.

Pour José, qui avalait un curé à chaque petit déjeuner, c'était comme si quelqu'un s'en était pris au capitaine de l'équipe adverse. Il s'était pourtant ému de cette agression qu'il ne comprenait pas. A cette occasion, il nous avait parlé de « symbole de paix » pour qualifier le Pape et j'en avais été assez surpris.

En cette même journée, notre professeur de mathématiques nous avait probablement fait apprendre un ou deux théorèmes indispensables à notre entrée au lycée.

Mais ceux-là, je les ai oubliés ...

Après mon départ du collège, je n'ai plus eu aucune nouvelle de José. Je n'ai d'ailleurs pas cherché à en avoir. Mais il y a quelques semaines, j'ai rêvé de lui. C'est pourquoi je vous raconte tout cela aujourd'hui.

J'ai fait quelques recherches sur l'internet et j'ai découvert qu'il était devenu maire de sa commune en 2001. J'ai aussi constaté qu'il avait été élu sur une liste « divers gauche » et j'ai donc supposé qu'il était toujours encarté au Parti Socialiste[52].

Il a pourtant dû avaler quelques couleuvres depuis l'élection de 1981. Il a dû connaître la houle, les jours blancs, les tempêtes, les tremblements de terre, le verglas, le blizzard, les éruptions volcaniques, le grain et le gel.

Un foutu dérèglement climatique au-dessus de la rue de Solferino[53] !

---

[52] J'ai depuis repris contact avec José. Il m'a précisé qu'il avait quitté le PS en 1995.

[53] Le siège du Parti Socialiste français est situé rue de Solferino à Paris.

J'écoute de temps à autre, à la radio, une émission intitulée « Moi Président »[54]. C'est une séquence quotidienne d'environ cinq minutes au cours de laquelle le journaliste interroge une personnalité. Chaque jour l'invité est différent. La question, en revanche, demeure toujours la même.

« Quelle serait votre principale mesure si vous étiez élu Président de la République ? »

L'idée est bonne, l'échange est rythmé avec talent, l'émission est excellente.

L'argument de l'invité peut être politique, technique, militant, philosophique, ironique, décalé, poétique, … Tout est ouvert.

A l'écoute de cette séquence, je me suis souvent demandé ce que je répondrais si j'y étais moi-même invité. Faire naître cette interrogation chez l'auditeur, est d'ailleurs, sans doute, l'une des ambitions de l'émission.

J'ai, bien entendu, imaginé quelques réponses mais j'ai surtout fantasmé une autre émission, moins aisément diffusable sur le service public. Je l'intitulerais « Moi dictateur ». Le mot n'est pas choisi au hasard.

---

[54] « Moi Président », présentée sur France Info par Olivier De Lagarde.

Ce n'est ni « Moi despote », ni « Moi tyran » que je vous propose mais bien, « Moi dictateur ».

Dans la Rome antique, le dictature était un régime approuvé par le Sénat, donc par les élus d'une démocratie indirecte[55]. Le dictateur était désigné pour gérer une situation de crise et se voyait octroyer les pleins pouvoirs pour une durée déterminée[56].

Donc voilà, si j'étais dictateur, j'aurais sans doute quelques grandes ambitions pour le peuple. Mais ma première décision serait de faire transformer mon CDD[57] en CDI[58]

Les pleins pouvoirs ad vitam aeternam !

C'est bien la moindre des choses puisqu'il n'est guère possible de mener une politique cohérente dans l'instabilité. L'Histoire mais aussi l'actualité internationale en attestent depuis bien longtemps.

---

[55] Si vous avez lu cet ouvrage dans l'ordre de sa rédaction, vous savez tout le bien que je pense de la démocratie indirecte.

[56] C'est un intelligent qui a dû élaborer le concept !

[57] CDD = Contrat à Durée Déterminée, synonyme aujourd'hui de contrat de travail.

[58] CDI = Contrat à Durée Indéterminée : réminiscence du passé qui perdure encore dans quelques états archaïques (pour ceux qui auraient un doute, le ton de l'auteur est ici sarcastique).

Une fois clairement investi par les représentants du peuple, une fois durablement confirmé par mes soins, mes décisions seraient principalement guidées par le maintien des conditions nécessaires à ma survie[59].

Ne croyez, par exemple, que je m'en prendrais à la liberté de la presse. Ce serait une folie ! Je chercherais au contraire à favoriser son indépendance et sa pluralité. L'idée serait de me protéger des autres puissants de la communauté en organisant des contre-pouvoirs rivaux avec lesquels je pourrais organiser des alliances de circonstance.

A la différence du président de la République ou de l'aspirant président, le dictateur en CDI ne peut pas se permettre de discours trop radical. Comme il détient les pleins pouvoir, il est obligé d'assumer ses propos. Sinon, il n'est pas crédible et se met immédiatement en danger létal de licenciement.

Ainsi, si dans un élan mal maîtrisé, il se met à désigner la finance comme l'ennemi[60], il se doit, a minima, de mettre quelques banquiers influents en prison et de contenir les autres par la menace. Mais, il s'expose alors à une riposte potentiellement sérieuse.

---

[59] Le dictateur en CDI est en principe relevé de ses fonctions par décès organisé. C'est une tradition depuis Jules César.

[60] Dans un discours au Bourget par exemple, mais ce n'est qu'un exemple.

Pour son malheur, le dictateur est désigné pour gérer une situation de crise.

S'il veut durer, il doit obtenir le soutien d'une part conséquente de sa communauté. Suffisamment conséquente, pour tenir en respect quelques éventuels opposants. Il se doit donc de fédérer le peuple autour de sa personne. La façon la plus efficace de parvenir à cela est bien-sûr de jeter l'opprobre sur un ennemi consensuel.

Consensuel mais par trop puissant …

L'aspirant président peut s'en prendre à l'Europe, aux USA, à la Russie ou à la Chine. Ça ne l'engage pas beaucoup. Le dictateur, lui, se doit, s'il désigne de tels ennemis, de déclencher un conflit avec eux dans les jours qui suivent sa prise de position. C'est vital pour sa crédibilité et, donc, pour sa sécurité. Quoique je ne sois pas sûr non plus, que la désignation de tels adversaires favorise réellement son espérance de vie.

Ce n'est pas simple.

Idéalement, il est donc plus facile de choisir un bouc émissaire parmi les faibles[61]. L'aspirant président peut se le permettre. Mais le dictateur, lui, est condamné à l'action. Il est contraint, s'il fait cela, d'organiser sans tarder les ghettos, les expulsions, les persécutions et les éradications.

---

[61] Migrants, Roms, minorités, etc.

Et encore une fois, ce n'est pas un bon calcul, car le peuple finit toujours par désapprouver ce type de comportement.

Non…

Je crois que si j'étais un dictateur en CDI, je renoncerais catégoriquement à désigner l'ennemi.

Trop dangereux !

Je me contenterais de quelques décrets autoritaires pour remédier à mes agacements.

J'instaurerais un devoir de légèreté.

J'interdirais par exemple aux gens de militer pour une cause qui ne les concerne pas directement.

Un homme, dans cette hypothèse, ne pourrait adhérer à un mouvement féministe que s'il est apte à démontrer qu'il est lui-même victime de la discrimination à l'égard de femmes. Un citoyen français ne pourrait soutenir la cause tibétaine qu'à l'unique condition de savoir expliquer en quoi la présence chinoise au Tibet empiète sur sa propre liberté.

Tous les combats moraux resteraient possibles mais les positions de principes et les engagements de salon seraient, eux, totalement proscrits.

Ce genre de mesure calmerait mes irritations mais serait assurément sans effet sur la sauvegarde de mon intégrité.

Alors, en bon dictateur, comment devrais-je m'y prendre pour assoir ma légitimité tout en renonçant à l'idée de l'ennemi consensuel ?

Voilà une vraie question.

Je ne lui trouve qu'une réponse. C'est mon copain Bruno qui me l'a soufflée.

Diriger chacune de mes initiatives vers la seule ambition politique qui vaille ; celle du « vivre ensemble ».

Dans mon jardin, il y a des écureuils.

Et, comme il y a des écureuils, il y a aussi des martres[62], dans mon jardin.

Dans mon jardin, il y a des oiseaux ; des mésanges, des merles, des geais, des pics, des corneilles. Ils sont parfois si nombreux et si loquaces, qu'il nous faut élever la voix pour réussir à nous entendre.

Dans mon jardin, il a des souris, des taupes, des musaraignes. Les lérots et les loirs, eux, s'installent plus volontiers dans ma maison[63].

Longtemps, dans mon jardin, vivait une famille de renards.

Je l'ai chassée pour protéger mon chien, qui, souvent, joue dans mon jardin.

Parfois s'égarent aussi, dans mon jardin, quelques chevreuils. Les sangliers, eux, sont trop malins pour y pénétrer; ils ne prendraient pas le risque de s'enfermer dans cet endroit dépourvu d'échappatoire.

On trouve encore dans mon jardin, des couleuvres, des coronelles, des lézards, des orvets, des salamandres, des tritons et des crapauds.

---

[62] La martre est un prédateur de l'écureuil

[63] Mais vous le savez déjà

Dans mon jardin, rampent des limaces et des escargots.

Volent aussi, dans mon jardin, des abeilles, des papillons, des éphémères, des libellules.

Dans mon jardin, il y a des plantes, des aromates, des baies, des fleurs et des arbres. Et sur ces arbres il y a parfois des fruits.

Les fruits de mon jardin.

C'est un jardin extraordinaire !

Mais pourquoi donc avons-nous besoin de jardins ?

L'idée initiale est assez claire.

Quatre poteaux, une clôture autour d'un terrain dégagé, ça permet de laisser jouer les enfants à l'écart des prédateurs tout en gardant un œil sur eux. Le cahier des charges originel est d'ailleurs toujours respecté de nos jours, puisque les animaux les plus dangereux de nos jardins contemporains sont probablement la tondeuse et le barbecue.

Mais voilà, si les terrains de jeux protègent nos gamins des dangers de la nature, ils nous isolent aussi de ses bienfaits.

Pour avoir de l'ombre, il nous faut des arbres, pour avoir de la fraicheur, il nous faut de l'eau, pour fabriquer des confitures, il nous faut des fruits, pour manger des salades il nous faut des potagers et pour soigner notre âme il nous faut de la beauté.

On ne se passe pas si aisément de la nature. Voilà pourquoi nos jardins ne ressemblent pas tous à des terrains de football.

L'Homme est ainsi fait qu'il a besoin de mettre ses sens en action pour exister.

Et quoi de mieux que la nature pour cela ?

Quoi de mieux que l'odeur d'une tomate fraichement cueillie ?

Quoi de mieux que le fracas d'une cascade ?

Quoi de mieux que le hurlement d'un loup dans la forêt ?

Quoi de mieux que d'observer un Martin Pêcheur au travail ?

Quoi de mieux que le goût d'une fraise des bois ?

Un jour, peut-être, nous expliquera-t-on[64] que nous pouvons nous passer de tout cela. On nous dira qu'il nous est possible de simuler toutes ces sensations. Peut-être même, cherchera-t-on à nous convaincre que nos corps sont inutiles, que nous pouvons nous contenter de nos cerveaux.

Il nous suffira alors d'un cœur microscopique ! Au sens propre comme au sens figuré...

---

[64] Un intelligent, bien-sûr

Nous n'aurons presque plus besoin de nourriture, notre espérance de vie sera gigantesque et nous serons saturés d'émotions en tube.

L'humanité disparaîtra alors dans une apocalypse de plaisir et de bonheur.

Il y a quelques semaines, mon plus jeune fils s'est mis au rap et au slam. Je ne suis pas trop client du genre mais je dois reconnaître qu'il se débrouille. C'est un bon interprète et surtout, il se met à écrire, ce qui me ravit.

Du coup, je vais risquer un texte pour voir si j'ai des aptitudes.

Notre père qui êtes aux cieux,
C'est notre Terre qui est en feu
Trop de précaires, de malheureux,
Et la misère pour nos vieux.

Pour nos mères, c'est affreux,
Quand nos frères sont envieux.
Ils font la guerre, ils sont odieux.
On les enterre, sans adieux.

Notre père qui êtes trop vieux,
Peux-tu faire taire les ambitieux ?
Qu'ils soient sincères ou qu'ils soient pieux,
Nous on préfère les amoureux.

Bof ...
J'arrête là.
Je vais laisser faire le petit.

QQOQCCP.

Vous souvenez-vous de ce sigle étrange dont on nous parlait à l'école primaire ?

- Qui ?

- Quoi ?

- Où ?

- Quand ?

- Comment ?

- Combien ?

- Pourquoi ?

L'utilisation de ces pronoms interrogatifs simples permet d'appréhender efficacement toute situation. La méthode est séduisante mais malheureusement peu pratiquée.

Vous pouvez faire cette expérience amusante. Postez-vous, par exemple, à la Gare de l'Est, à Paris, et demandez aux gens où se situe l'Hôtel de Ville.

Ceux qui prendront le temps de vous répondre, vous suggèreront d'emprunter la ligne n° 4 ou la ligne n° 7 du métro, de descendre à la station Châtelet et de finir le trajet à pied.

D'autres vous conseilleront plutôt de monter dans le bus n° 47 qui vous déposera un peu plus près du bâtiment.

Peut-être même, s'il fait beau, serez-vous incités à faire le trajet à pied ou à vélo.

Il est ainsi vraisemblable que beaucoup de gens vous expliqueront « comment vous rendre à l'Hôtel de Ville » alors que vous souhaitez simplement savoir « où il se situe ».

L'esprit humain est ainsi fait qu'il cherche plus volontiers à résoudre qu'à comprendre.

Nrote creevau dutoe rearemnt de ses atitpudes à la coméprensiohn. Ce qui lui ipmotre, c'est d'aphrépdener le snes gréénal des poèrbmles et de les soliuotnenr au puls vtie. Il est en qutêe d'eifacficté.

Si vous êtes à la Gare de l'Est, qui est plutôt un lieu de transit, et que vous cherchez où se trouve l'Hôtel de Ville, c'est sans doute que vous souhaitez vous y rendre immédiatement. Vouloir approfondir la question est une perte de temps.

Peu importe de savoir,

- pourquoi vous posez cette question,

- si vous souhaitez effectivement vous y rendre,

- qui souhaite faire le trajet,

- à quelle heure ce déplacement est prévu,

- dans quelle ville ou quel arrondissement se situe le bâtiment recherché,

- à quoi ressemblent les lieux à l'arrivée,

- combien de personnes sont concernées par la question que vous posez.

Toutes ces précisions sécuriseraient la réponse mais la retarderaient assurément.

Pourtant s'il se trouve, parmi ceux qui acceptent de vous dépanner, des individus atteints du syndrome d'Asperger, il y a fort à parier qu'ils vous expliqueront tous, de façon exacte et non ambigüe, « où se situe l'Hôtel de Ville de Paris ».

Lesdits individus, capables de vous répondre le plus précisément du monde, sont considérés comme mal adaptés à nos groupes sociaux.

C'est à ne rien y comprendre !!!

Le reste de la population se contente le plus souvent d'approximations.

Ainsi, quand vient le temps d'une élection, plus personne ne se demande dans quelle société il a envie de vivre. Les candidats d'ailleurs, ne font même pas l'effort d'évoquer le sujet tant il n'intéresse personne.

Tout semble aller de soi.

- Les options diplomatiques et militaires

- Les choix de politique énergétique ou de politique agricole

- L'école obligatoire sous la seule conduite d'enseignants professionnels

- La gestion des services publics

- Les stratégies de transport ou de communication

- L'adhésion aux règles de libre-échange définies par l'OMC

Et j'en passe et des meilleurs.

En vérité, tous ces thèmes et bien d'autres encore, ont échappé au pouvoir démocratique du peuple et de ses représentants. Ils sont aux mains d'oligarchies mal identifiées.

Des années après, on nous explique que la Françafrique était une catastrophe, qu'au Moyen-Orient, ou ailleurs, des groupes terroristes armés sont devenus plus puissants que certains états, que nos centrales nucléaires, en fin de vie, sont un vrai problème sécuritaire et économique, que, chaque jour, des agriculteurs surendettés se suicident, que l'enseignement est en faillite, que des hôpitaux doivent fermer faute de moyens, que les villes et leurs périphériques sont engorgés sous le flux continu des automobiles, que le train est devenu si cher qu'il n'est plus accessible à tous, que le concept de vie privée tend à disparaître, que nos entreprises et nos emplois dépendent de personnes dénuées de sens communautaire et totalement indépendantes de tout pouvoir politique.

Tout ceci semble ne gêner personne …

… sauf, peut-être, ceux qui en crèvent.

Mais savent-ils seulement qu'ils ne meurent que de notre incapacité collective à appréhender correctement les situations qui se présentent à nous ?

L'Homme est un animal si intelligent qu'il ne parvient pas à se servir des outils qu'il a lui-même mis au point. Il se fabrique un magnifique QQOQCCP mais n'utilise que le CC.

C'est triste.

Roman express

***

Quand Claudine s'était réveillée, elle n'avait pas reconnu la pièce où elle se trouvait.

Sa hanche lui faisait mal.

Rapidement une jeune femme s'était présentée pour l'aider à se redresser dans son lit. En quelques mots, elle lui avait expliqué la raison de son hospitalisation. Elle avait été admise à la clinique Sainte-Anne pour une opération du col du fémur, consécutive à un accident de voiture. Pour la rassurer, l'infirmière avait précisé que ni son mari, qui était au volant, ni leurs enfants n'avaient été blessés.

Mais Claudine ne se souvenait de rien.

Ni d'avoir eu un accident, ni d'avoir été mariée et encore moins d'avoir eu des enfants.

***

Quand Michel était entré dans la chambre, Claudine ne l'avait pas immédiatement reconnu. Il avait coupé, à ras, ses longs cheveux bouclés, mais surtout, il avait terriblement vieilli. Il était, certes, demeuré très tendre et très attentionné avec elle, mais il n'était plus tout à fait le même.

Son indéfectible sourire enjôleur l'avait abandonné.

***

Quand Pierre et Julie avaient rejoint Claudine, elle s'était trouvée désemparée. Elle savait bien que ces petits étaient les siens, mais personne au monde ne devient, d'un jour à l'autre, la mère naturelle de deux enfants de huit et dix ans.

Sans doute était-elle parvenue à donner le change.

***

Quand Claudine avait retrouvé ses parents, elle les avait longuement embrassés.

Plus qu'à l'habitude.

***

Quand Claudine avait quitté la clinique, elle avait découvert, chez elle, un univers incroyable. Elle habitait une magnifique propriété dotée d'une vue exceptionnelle sur l'océan. A l'intérieur, chaque pièce était décorée selon ses goûts, avec une minutie extrême. Elle avait même remarqué, au détour d'un salon, une toile originale signée de Goya, son peintre préféré.

Mais, quelque chose la chiffonnait.

Tout, dans ce palais, était impeccablement rangé et il n'y avait plus, ici, aucune trace de son enfance heureuse.

Sans doute vivait-elle chez Michel mais, en aucun cas, elle ne se sentait chez elle.

***

Quand Claudine s'était souvenue de Papilou, elle avait essuyé une larme. Elle n'avait pas osé interroger sa mère, mais elle savait que son grand-père ne pouvait plus être vivant.

Elle s'était demandé ce qu'il aurait pensé de l'opulence dans laquelle elle vivait.

Il se serait tût, mais il n'aurait pas approuvé.

Un jour, il lui avait dit que les gens démesurément riches ne pouvaient être foncièrement honnêtes.

Papilou avait toujours détesté Michel, pourtant issu d'une famille modeste.

Comme s'il avait senti venir l'avenir.

***

Quand Claudine s'était confiée à Eléonore, l'assistante de Michel, celle-ci l'avait réconfortée. Elle lui avait assuré que les activités de son mari avaient toujours été parfaitement légales. C'était un homme exceptionnel, reconnu dans le monde entier et qui ne devait son immense fortune qu'à des talents hors du commun.

Claudine savait ce que Papilou aurait objecté.

« Légales, oui, mais morales, j'en doute … »

***

Quand Claudine avait retrouvé la mémoire, elle n'avait pas été surprise de la vie qu'elle avait menée jusqu'à son accident.

Elle s'était souvenue des belles années, de sa rencontre avec Michel lorsqu'ils étaient tous deux étudiants en école de commerce, de la naissance des enfants.

Elle s'était aussi remémorée les années noires, quand Michel avait été nommé Directeur Général de la société qui l'employait. Les actionnaires l'avaient chargé de licencier 80% du personnel, d'organiser la délocalisation des activités de l'entreprise et de ne conserver que les clients les plus lucratifs.

Il s'était battu comme un lion pour réussir à sauver quelques emplois et c'est à cette époque que son sourire avait disparu. Chaque jour avait été un enfer et il avait juré à Claudine de ne jamais plus évoquer son travail dans le cadre familial.

Il avait tenu parole.

Après avoir organisé la vente de la société de ses employeurs à de nouveaux investisseurs, il avait quitté celle-ci pour créer sa propre structure.

Sa réussite avait alors été fulgurante et jamais plus ils n'avaient manqué de rien.

***

Quand Claudine avait compris d'où provenaient les revenus de Michel, elle avait déchanté.

Lorsque, des années auparavant, Michel avait été contraint à désosser son entreprise, il avait été très grassement payé. Les actionnaires avaient, eux, engrangé des profits faramineux. Ils lui avaient d'ailleurs proposé de réitérer l'opération dans une nouvelle structure, ce qu'il avait refusé de faire, tant la tâche initiale avait été ingrate.

Mais comme il avait engrangé suffisamment de revenus, il avait pu lever les fonds nécessaires au rachat d'une société qu'il avait « optimisée » et revendue pour son propre compte.

A la troisième opération, il avait engagé un jeune loup aux dents longues pour se charger du travail.

Et depuis, jamais plus il n'avait eu à mettre les mains dans le cambouis.

***

Quand Claudine avait quitté Michel, personne n'avait compris ce qui avait forcé sa décision.

***

Quand Claudine avait voulu obtenir la garde de Pierre et Julie, elle avait été déboutée par le juge.

***

Quand Claudine avait renoncé à toute pension alimentaire, ces proches avaient unanimement condamné son attitude. Elle s'était retrouvée seule, sans ressources et sans possibilité de voir ses enfants.

***

Quand Claudine avait enchaîné les petits boulots pour payer son loyer, son père avait pesté et déclaré qu'il ne lui avait pas financé une école de commerce pour qu'elle devienne caissière de supermarché. Elle lui avait rétorqué que c'était effectivement assez éloigné du projet initial qui était de lui faire faire un beau mariage.

***

Quand Claudine avait enfin pu retrouver ses enfants, elle leur avait parlé de Papilou.

De l'eau, de quoi manger, quelques vêtements et un toit, c'est un bon début pour réussir sa vie.

Quelques congénères, un conjoint, des enfants, ça peut donner un sens à tout cela.

Des parents, des grands-parents, ce n'est pas mal non plus. Ils nous aident à grandir.

Des oncles, des tantes, des cousins, des voisins, c'est nécessaire pour s'amuser, se chamailler, s'entraider.

Quand le groupe s'agrandit, on peut envisager de faire des choses ensemble. Construire des routes, des maisons, cultiver les champs, récolter, aider les plus fragiles, apprendre à nos enfants à devenir indépendants, se défendre contre les assauts de la nature ou les agressions d'autres de nos congénères, explorer les alentours, faire la fête.

Et puis un jour, on peut ambitionner de prendre une place dans la communauté. Par la force de ses bras, par sa capacité produire, à construire, à inventer, par ses aptitudes à organiser, par ses talents à divertir, par ses prédispositions à anticiper.

C'est ainsi que les peuples naissent.

C'est ainsi que les individus se construisent.

Mais les choses ne s'arrêtent pas là.

Parfois, les peuples s'allient, s'associent ou même se mélangent. Ils deviennent ainsi plus forts, plus riches. Ils construisent de plus grandes routes, bâtissent de plus belles maisons, étendent et diversifient leurs cultures, améliorent leurs récoltes ; ils ont une capacité accrue à s'occuper des plus faibles, ils sont mieux organisés pour éduquer leurs enfants et plus à même de réagir face à l'adversité ; ils voyagent plus loin et font de plus grandes fêtes.

Il arrive quelquefois, que des peuples disparaissent. Parce que la nature leur reprend ses bienfaits, par exemple ; mais aussi parce que d'autres peuples les exterminent pour leur soutirer leurs richesses.

Pour les individus, c'est un peu différent.

S'ils meurent, le plus souvent, d'avoir trop vécu, s'ils meurent, de temps à autre, des agressions perpétrées par leurs pairs, ils sont aussi, parfois, victimes des défaillances de leur communauté.

Nos sociétés sont capables de construire des navires de 300 mètres de long pour traverser les océans, de fabriquer des télescopes, des satellites, des vaisseaux et des stations spatiales pour explorer l'espace, de produire des quantités faramineuses d'énergie, de bâtir des cathédrales, des immeubles hauts d'1 km, de mettre au point des systèmes de communication hallucinants, de créer des effets spéciaux à couper le souffle.

Elles sont plus imaginatives encore, lorsqu'il s'agit de concevoir des armes.

Mais elles sont dans l'incapacité totale de fournir à chacun, le strict nécessaire : de l'eau, de quoi manger, quelques vêtements et un toit.

Elles ne survivront pas à cette absurdité.

Assassin, de braise, accusateur ou de velours, chaque regard de ta part est un regard d'amour.

***

Qu'on le recherche ou qu'on le fuie, le regard des autres est un marqueur de notre identité. Chaque individu porte en lui, le besoin primitif de se positionner par rapport à ses congénères, c'est une caractéristique de nombreuses espèces du règne animal.

Ainsi pour affirmer sa personnalité, il peut, au gré de ses opportunités ou de ses humeurs, choisir de se montrer ou choisir de se cacher.

Mieux encore, il peut, ou non, décider de gratifier l'un des siens de son attention. Car faire exister l'autre est aussi une façon très efficace de se révéler.

Mais dans un monde peuplé de 9 milliards d'êtres humains, dans un monde ou la technique permet à chacun de s'exhiber à tous, comment faire pour exprimer sa singularité ?

Ce n'est pas simple, puisque, s'il est devenu assez aisé de se montrer, il n'est pas toujours facile, dans la masse des exhibitionnistes, d'être vu.

Plus grave encore, au fur et à mesure du temps qui passe, il devient de plus en plus ardu de se soustraire aux regards de ceux qui cherchent à nous épier.

Notre intimité du moment est mise à mal mais, surtout, il est aujourd'hui devenu possible, à qui le souhaite, d'exhumer du passé, chaque mot, chaque expression, chaque opinion ou chaque image que nous avons, un jour, volontairement ou non, laissé fuiter.

Nous sommes donc de plus en plus contraints à vivre en pleine lumière.

Et tout comme celle qui tend à faire disparaitre le sujet des photographies, notre surexposition a la pénible conséquence de gommer nos personnalités.

Pour ma part, j'ai toujours préféré les premières et les dernières lueurs du jour. Elles mettent en évidence les ombres et les reliefs et nous donnent à prendre conscience de toute la beauté du monde.

Mais comment donc nos enfants et nos petits-enfants pourront-ils, un jour, aspirer au bonheur dans un monde où la beauté s'estompe ?

Voilà, je viens de vous livrer un très bref aperçu de ce qui anime mes pensées somnolentes.

Afin de conserver une base de lecteurs élargie, je me suis, bien entendu, autocensuré.

Ainsi, vous-je ai épargné :

- Mes idées noires,

- Mes élans amoureux,

- Mes desseins scélérats[65],

- Mes pensées grivoises[66],

- Mes vents mauvais,

- Mes fous-rires inexplicables,

- Mes constats dégoûtés,

- Mes envolées insolentes,

- Mes ruminements hargneux,

- Mes inventions inutiles,

- Mes contractions égoïstes,

---

[65] Je ne crois pas en avoir mais j'aime la musique de ces mots

[66] Si, suite à cette publication, la demande est trop forte je me repencherai peut-être un jour sur la question

-   Mes chamboulements émotionnels,

Et…

-   Plusieurs ratons laveurs.

J'aurais pu appeler cet ouvrage « Presque rien sur presque tout », mais l'un de mes illustres aînés avait déjà imaginé ce titre subtil[67].

D'ailleurs, je ne suis ni aussi prolixe, ni aussi cultivé que Monsieur d'Ormesson et, à l'arrivée, mon modeste livret se serait intitulé « Presque rien sur presque rien ».

Ça n'aurait pas eu le même charme.

---

[67] *Presque rien sur presque tout* – Jean d'Ormesson - 1998